道義国家日本を再建する言論誌

維新と興亜

第十五号

題字　柳田泰山

維新と興亞

第十五号 目次

【巻頭言】日本弱体化法「財政法第四条」を改正せよ

岸田政権が防衛費を「五年間で倍増」という方針を示す中で、財務省が露骨な抵抗姿勢を見せている。四月二十日に開催された財政制度等審議会の歳出改革部会で財務省が配布した資料「防衛」には、「防衛力は、国民生活・経済・金融などの安定が必須であり、財政の在り方も重要な要素」と書かれている。防衛費増額に対する強烈な牽制だ。

さらに、この資料には国家安全保障戦略、防衛大綱、中期防衛力整備計画の三文書の見直しについて、〈複数年度にわたる防衛関係予算の編成の目途となること、他の経費の増減を抜きにして、防衛関係予算の多寡を議論できないことから、我が国財政（予算）全体への影響も非常に大きい。それゆえ、国民の「合意」と「納得」を得られるよう、議論を進めければならない」と書かれている。

いま防衛費増額に対する国民の意識は、大きく変化している。十月上旬にNHKが実施した世論調査では、国民の五五％が防衛費増額に賛成しており、反対は二九％にとどまった。防衛費を増額する絶好の機会なのである。しかし、防衛費増額はアメリカの要請に応えるためでも、アメリカ製の高額兵器購入を拡大するためでもなく、自主防衛に必要な措置を講じるためにこそ必要なのだ。防衛三文書の見直しにおいても、自主防衛の視点が欠かせないはずだ。

その上で、防衛費増額のためにどう財源を確保するかが問題となる。安倍元総理は、財源について「道路や橋を造る予算には建設国債が認められている。防衛予算は消耗費と言われているが、間違いだ。まさに次の世代に祖国を残す予算だ」と言及し、国債を活用すべきだと主張していた。

安倍元総理の発言にある通り、後の世代に残る道路や港湾などの社会資本整備に充てられる「建設国債」だけが例外的に認められているが、財政法第四条第一項は「国の歳出は原則として国債又は借入金以外の歳入をもって賄うこと」と規定し、赤字国債の発行を禁じている。安倍元総理は、防衛費は施設や装備が次世代に残るため、建設国債と同じく恒常的な国債を使えるようにすべきだと提案したのである。

これに対して財務省は、日本が抱える巨額の国債残高などが「有事の際に脆弱性につながる」と主張し、国債発行を阻止しようとしている。九月二十六日には鈴木俊一財務相が、「赤字国債に依存すれば有事の際に経済を不安定化させる」と語っている。

財務省は、防衛費を増額しようとすれば増税が必要との立場をとっているが、増税論が表に出てくれば、防衛費増額に賛成している国民世論も揺らぎかねない。

遡れば、財務省(大蔵省)は、戦後長らく「軽武装」「経済重視」の吉田ドクトリンを維持すべく、財政規律を理由に、防衛費増額に歯止めをかける役割を演じてきたのではなかろうか。その際、財務省の強力なカードとなっていたのが、財政法第四条だったように見える。

財政法制定当時の主計局法規課長を務めていた平井平治は、「戦争危険の防止については、戦争と公債がいかに密接不離の関係にあるかは、各国の歴史をひもとくまでもなく、わが国の歴史をみても公債なくして戦争の計画遂行の不可能であったことを考察すれば明らかである、……公債のないところに戦争はないと断言しうるのである、従って、本条(財政法第四条)はまた憲法の戦争放棄の規定を裏書き保証せんとするものであるともいいうる」と書いている。まさに、財政法第四条は戦争をさせないための法律なのだ。

西田昌司参院議員は、財政法に関して「GHQが二度と戦争をさせないように、財政の自由度に制限を加えた。日本を弱体化させるための法律だった」と主張している。

いまこそ、防衛国債による防衛費増額を実現するとともに、占領体制の遺物である財政法第四条を改正すべきである。

(坪内隆彦)

ウクライナ戦争に乗じて中共政府が台湾や尖閣諸島に侵攻するリスクが高まっている。いざ中共が尖閣諸島への侵攻に乗り出したとしても、島嶼防衛の任にあたる日本版海兵隊である水陸機動団は尖閣から遠く離れた佐世保に駐屯しているため間に合わないだろう。しかし、一度取られた島を奪還するのは守るよりも十倍のエネルギーを要するともいわれ、多くの犠牲を伴うことになる。場合によっては、ミサイル基地を置く石垣島や宮古島も中共によるミサイル攻撃の標的にされ多くの民間人が死傷する可能性がある。

　問題はそうした犠牲を払ってでも尖閣を死守するための戦争遂行能力が我が国政府や国民にあるのかということである。岸田首相はただでさえ柔弱な上に、戦争で犠牲者が出れば支持率が急落し、国内では橋下徹氏のように降伏を主張し出す輩まで現れかねない。そうした場合、たとえ自民党の改憲草案にある自衛隊の国軍化や自衛隊の憲法への明記を実現し、岸田首相が謳うように防衛予算を倍増したとしても、実際の戦争を戦い抜くことは出来ないのではないか。

軍政と軍令の分離

国家が敵との戦いに勝利するためには、軍の作戦遂行が、世論を代表する議会や、議会に責任をおう内閣の動向に左右されないように、「軍令」（統帥部）と「軍政」（内閣）が分離していなければならない。

　しかし現行の自衛隊法では、自衛隊の最高指揮官は内閣総理大臣と規定されているため、軍令と軍政が一体化し、むしろ文民統制（シビリアン・コントロール）の下で軍令が軍政に従属している。しかし両者を一体とする弊害は、坊門宰相清忠（公卿の身でありながら後醍醐天皇の比叡山への遷幸を主張した楠木正成の献策を斥け、湊川で足利高氏の大軍を迎え撃つように強いた）の例を持ち出すまでもなく枚挙にいとまがない。

こうした弊害を避けるため、明治十一年、山県有朋は陸軍省参謀局から参謀本部を独立させ、天皇直属の統帥機関とした。さらに、大日本帝国憲法では、立法権や官制および任命大権、統帥権、外交権、戒厳権、栄典権、恩赦権を天皇大権として規定する一方で、第五十五条において「凡て法律勅令其の他国務に関る詔勅は国務大臣の副署を要す」とし内閣の輔弼がなければ勅命も無効としたが、それでも統帥権と栄典権のみは内閣の輔弼も不要としたのである。

戦後、自衛隊は内閣に従属する警察予備隊として創設され今日に至っているが、上述した様に戦争の脅威が高まる中で我が国が敵との戦いに敢闘勝利するためには、軍令と軍政を分離し統帥権を内閣から独立させる必要がある。ではその統帥部は何処に帰属するのか。筆者は、それは天皇陛下をおいて他にないと考える。以下にその理由を述べる。

我が国の国軍は天皇の軍隊である

第一に、元来我が国の正統なる軍隊は、天皇陛下を大元帥に仰ぐ皇軍でなければならない。明治十五年に渙発された『軍人勅諭』は、神武建国以来、兵馬の権たる統帥権が朝廷に帰属することを説き、「朕は汝ら軍人の大元帥なるぞ」と宣明された。とはいえ、歴史上朝廷が兵馬の権を掌握していた期間は短いが、事物の本質は時間の長短に左右されるものではない。

いうまでもなく、戦争は祖国の為に命を捧げる行為であり、将兵は、「自分は何のために戦うのか」、あるいは「何のために死ぬのか」という道徳的な問いに直面せざるをえない。その際、我々日本人は天皇陛下のために戦うことは出来ても、首相のために戦うことはできない。

もちろん愛する家族や故郷のために戦うのであるが、それらや我が国の歴史、伝統文化を全て内包して象徴的に体現された御方が天皇陛下なのだ。わが国民は、天皇陛下への忠義を通じて初めて精神的に帰一し死力を尽くして戦うことができるのであって、首相の軍隊では民族の底力を発揮できない。

第二に、通常、国軍の統帥権者は、その国の国家元首が務めるのが一般的であり、君主国では国王、共和国では大統領が務めている。それは国家元首という存在が国民の精神的拠り所であり、国民の精神的団結の支柱になるからだ。

先日女王が亡くなった英国は、我が国と同じ立憲君主制を敷きながらも、軍の最高指揮権は国王に帰属し、他のノルウェーやスウェーデン、ベルギーといった君主国においても国王は憲法で軍の統帥権者と規定されている。しかしながら、自民党が安倍総裁のもとで平成二十四年四月に発表した改憲草案では、第一条で天皇を「国家元首」として明記しつつも、九条の二では「内閣総理大臣を最高指揮官とする国防軍を保持する」と記し、統帥権はあくまで首相に帰属するものと規定している。これでは国家元首とは言えないし、正当な国防軍とも言えない。

自由と平和の守護者としての皇軍

第三に、軍令部を天皇陛下に直属させることは、国軍を政府の軍隊ではなく天皇＝国体の軍隊にすることで自由な立憲秩序の守護者にするという意味がある。三島由紀夫は『檄文』において、「国体を守るのは軍隊であり、政体を守るのは警察である」と述べたが、軍隊が政体の長である首相の指揮下に置かれると、政府＝与党の軍隊と化し、反対党たる野党への弾圧に使われかねない。また対外的には、対米従属を続ける政府の軍隊として米軍の補完部隊（尖兵）とならざるをえない。葦津珍彦氏は『大元帥の統帥と軍政との間』と題する論稿において、大日本帝国憲法における統帥権の独立の真意は、軍の政治的中立を確保することで「政治に対する軍の圧力を抑制せねばならないといふのが、帝国憲法起案時代の精神であった。」しかしながらその後、統帥権の独立は、軍ないしは軍人への全的委任と誤解され軍部の専横に陥ったと述べている。軍があらゆる党派抗争から超越し自由な立憲秩序の守護者になるためにこそ、その統帥権は、一視同仁の大御心を以て大御宝たる国民を精神的に統合される天皇陛下に帰属せねばならないのだ。

第四に、巷間、統帥権の独立が軍部の暴走を招いたかの如く信じられているが、実態は裏腹に、天皇による統帥が不徹底であったが故に軍が暴走したともいえるのではないか。

その端的な事例が、昭和陛下のご叡慮を無視した関東軍による熱河作戦の遂行である。あのとき陛下は、満州事変以降の河北への戦線拡大につながる熱河作戦に反対され、「日支両国平和をもって相処すべく」統帥最高命令によって作戦を中止させることは出来ないか奈良侍従武官長に意見を求められたが奈良はこれに反対した。そこで牧野伸顕は重臣会議を開いて中止させようとしたが西園寺公望が消極的であったため開かれなかった。

　昭和陛下は英国流の立憲君主を模範とされ消極的君主に努められたが、もしあのとき毅然と作戦の中止を厳命され統帥権を干犯する関東軍への粛軍命令を発せられていたならば、その後の歴史は大きく変わっていたであろう。古来天皇は平和の象徴であり、その天皇が統帥し給う皇軍は、神武天皇や日本武尊が荒ぶる神とまつろわぬ人々を御稜威（天皇の権威）によって「言向け和」して帰服させたという伝承が示すように、平和と道義の伝道者である。しかしながらその皇軍が暴走したのは、統帥権が独立していたからではなく、逆に統帥権が発動されなかったからである。

　第五に、天皇の統帥し給う皇軍は、天皇と国民を疎隔する幕府勢力を打破する原動力になる。幕末の尊攘派志士である真木和泉守は、御親兵の設置を建策し、攘夷親征による討幕を唱導した。現代の幕府勢力を打倒し一君万民の国体を恢復するには、皇軍の再建が不可欠である。

　最後に、天皇が軍を統帥される場合、仮に敗戦した際の責任が上御一人に及ぶのではないかという心配がある。そのようなことは、臣下として大変畏れ多く忍び難いことである。

　しかし天皇の統帥は、陛下が一々作戦について命令されるということではなく、統帥部が陛下のご叡慮を拝しながら作戦を決定するのであって、勝敗の一次的責任は統帥部にある。それは帝国憲法が天皇大権を定めながらも天皇は政治的に無答責であり（第三条）、その責任は輔弼の任に当たる内閣が負うのと同じである。天皇は国体の体現者であり政体上の責任は内閣と軍が負う。

　以上の理由により、岸田首相は自衛隊の統帥権を天皇陛下に奉還し、建軍の本義を正すべきであると考える。

【時論】いまさらながらの国内回帰―ボーダレス幻想を完膚なきまでに捨てよ

大アジア研究会代表　小野耕資

異次元の円安により物価の高騰が進む一方で賃金は一向に上がらず、農業をはじめとした一次産業も大変な苦境の中にある。もちろん都市労働者も苦しい状況下にある。そんな中における政府の対策は住民税非課税世帯に対する五万円給付のみという体たらくで、しかもこの十月からは雇用保険料の値上げも始まり、国民の財布は干上がる一方だ。こうした中にあっても政府の物価高対策はほとんどなく、国民の購買力が下がっている。再分配政策なくしては国民生活は機能しない事態となっているが、政府は何らの対策も取っていない。こうした国民の購買力の低下で農家はますます困窮しつつある。ウクライナ危機で燃料が高騰する中で円安も絡み、食料の約六割、エネルギーの約九割を輸入に頼るわが国は行き詰まりつつある。

そもそも日本は高度経済成長期から工業立国であることを重んじ、輸出産業を育成する一方、農業は軽んじられてきた。「貿易黒字で食料を買えばいい」と言わんばかりの工業政策により、農業はお荷物であるかのようにみなされ、オレンジの輸入に始まりTPPその他あらゆる場面で結局農業が犠牲になるということが続いてきた。そうした政策の誤りがついにこの異次元の円安、食料価格の高騰により明らかになった形だ。食料を輸入に頼るのを前提に貿易自由化を進めてきた日本の農業政策は岐路に立っているのである。最近の経産省は「経済安全保障」などと言い出してグローバル化によって国外流出した製造拠点の国内回帰を打ち出しているようだが、何もかも海外に依存する経済政策が誤りなどというのは火を見るよりも明らかな話で、やっと気が付いたのかという嘆息なしには見ることができない。諸外国では地域コミュニティや国土・国境を守る存在として、農業には多大なる補助金を出し育成に努めてきた。製造業も一緒で、国内の雇用を支え、いざとなれば武具の面で安全保障を支える土台ともなる製造業が国外流出するなど断固として阻止しなければならなかった。お人よしのグローバル幻想に染まった近年の日本だけがそうした国家の論理に鈍感であった。今回の苦境はそうした認識不足が招いた当然の帰結であろう。

昨今の経済安全保障の議論は、近年の自由貿易を絶対とした国際経済の動きが大きく退潮していくことを示唆するものだ。ウクライナ危機により、産業、エネルギー、食料を自国内でいかに確保するかが大きな焦点となったといえる。これらすべてを軽んじてきた日本がいま先進国で最も苦境に陥っているのも当然と言えるだろう。日本衰退は、ボーダレス幻想に囚われ新自由主義・グローバリズム政策を取り続けたツケである。

もちろん国内回帰は必要だが一日にして成らずという事情もあろう。しかしそれを鑑みても、貿易取引先を一国に限定しないことを以て産業、エネルギー、食料の安全保障が達成できたと思うのはあまりに甘い認識と言わざるを得ない。ひとたび非常事態となってしまえば、どこの国もそれに巻き込まれるのが通例であり、最終的には国内生産しか信用できないと悟るべきなのだ。

さらに食料生産には別個の事情もある。国内生産の向上を目指すあまり大企業等による大規模生産を歓迎する動きもみられるということである。アメリカ最大の農園所有者がビル・ゲイツ氏であるという事実に象徴されるように、グローバリストはあらゆる面に投資の網の目を張っており、リスクヘッジは欠かさない。だがこうした大規模化、土地兼併による農業を野放しにすれば、生産の多様性が奪われ、危機に弱い農業となってしまう。短期的な成果を目指せばかえって脆弱になってしまうということだ。

また、エネルギーについては、原油の海外依存を正そうとするあまり原発依存に回帰しようとしたり、あるいは太陽光等のクリーンエネルギーに過度な幻想を持つ傾向にある。原発もクリーンエネルギーも、エネルギー生産過程では国内だが、それ以前の製造過程で海外に依存する仕組みである。そしてこちらにもグローバリストは投資の網の目を張り巡らせている。

このように八方ふさがりで即応しづらい情勢下ではあるが、何よりボーダレス幻想を完膚なきまでに捨てる意識改革が求められている。そこから明日の日本は生まれる。

いまこそ自主防衛を 核武装という選択

２０２０年11月12日、米大統領選で勝利を確実にしたバイデン氏は菅義偉総理（当時）との電話会談で、「アメリカの対日防衛義務を定めた日米安保条約第５条が尖閣諸島に適用される」と明言した。政権が交代するたびに、米大統領はそれを口にし、日本を安心させてきた。

しかし、アメリカは本当に日本を守ってくれるのだろうか。尖閣有事の際、米軍は実際に動くのだろうか。元航空幕僚長の田母神俊雄氏は「核武装国である中国が非核武装国である日本に侵略した場合、核武装国であるアメリカが中国と日本の戦争に参加して戦ってくれる確率はほぼゼロに近い」と語る。

非核武装国が核武装国に侵略された時、アメリカがその国を助けるために参戦できないことは、ウクライナに対するロシア

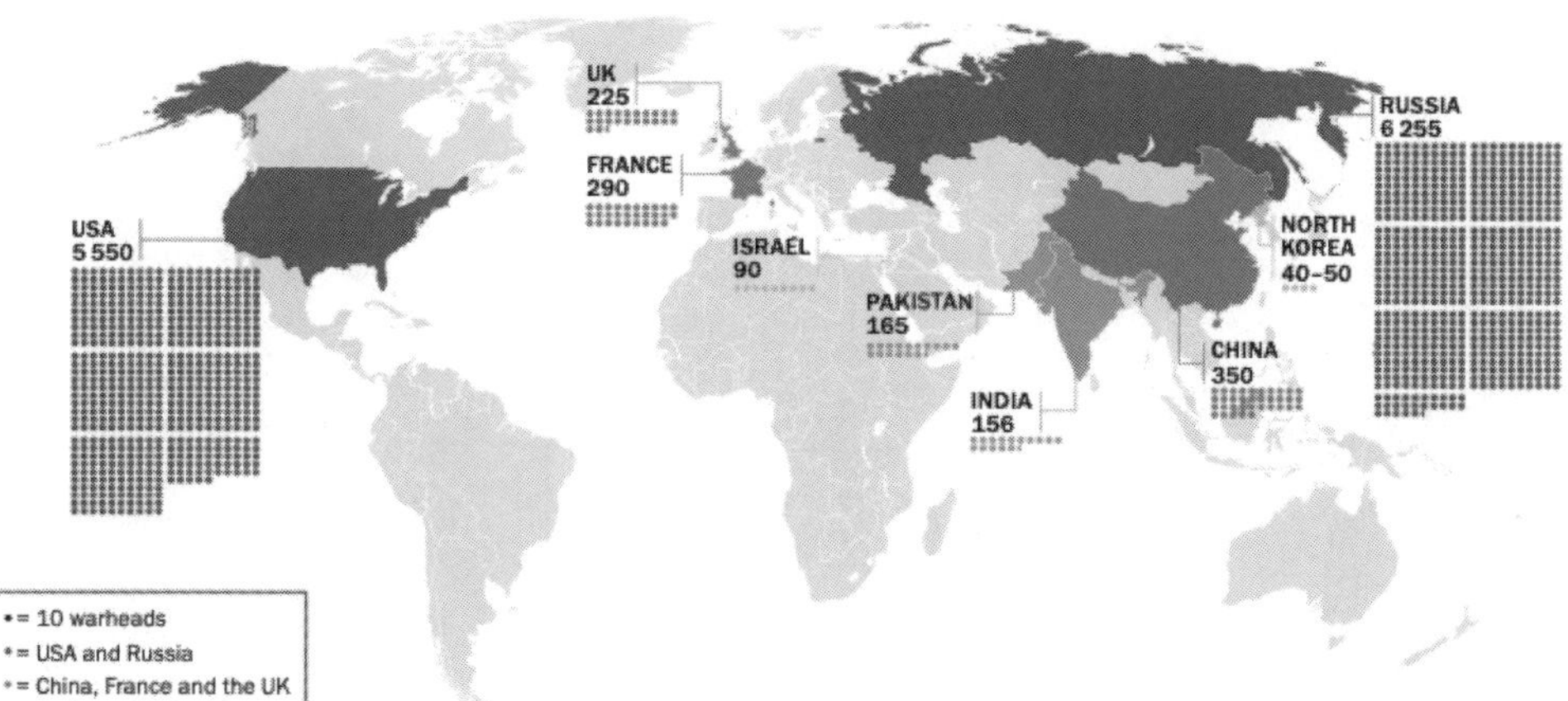

世界の核弾頭数の状況（2021 年、SIPRI より）

の侵略によってはっきりした。

米ソ冷戦時代には、非核武装国がソ連に侵略された時、アメリカは助けてくれるのかという疑問が持たれていた。自主核武装を実現したフランスのドゴール大統領から「パリを守るためにニューヨークを犠牲にする覚悟があるのか」と問われたケネディ大統領は、絶句してしまったと言う。

尖閣を守るために、アメリカがニューヨークを犠牲にすることはあり得ない。つまり、日中戦争にアメリカは参戦できないということである。

いまこそ日米安保体制に依存した防衛政策を転換し、自主防衛体制の確立を急ぐべきではないのか。

「自分の国は自分で守る」ことは、主権国家として当然であり、真の独立なくして国家の尊厳も国益も維持できない。

軍事アナリストの毒島刀也氏は、自主防衛の究極の目的は核兵器の保有だと語り、日本は、潜水艦発射型弾道ミサイル（SLBM）による核抑止力の確保を最優先したイギリスに見倣うべきだと言う。

国家安全保障戦略、防衛大綱、中期防衛力整備計画の三文書の見直しが進められる中で、自主防衛についての国民的な議論を巻き起こす必要があるのではないか。

米国は日中戦争に参戦できない

元航空幕僚長　田母神俊雄

アメリカがウクライナ戦争に参戦できない理由

――日米安保条約に依存する現在の防衛政策には、どのような問題点がありますか。

田母神　いま日本では「自分の国は自分で守る」という体制ができていません。歴代政権は、「自分の国は自分で守る」と口では言ってきましたが、実際にその方向に動いたことはないのです。

日米安保条約のもと、有事の際にはアメリカに守ってもらうという体制を続けてきましたが、本当にアメリカは日本を守ってくれるのでしょうか。今回、核武装国であるロシアが非核武装国であるウクライナに侵攻しました。ところが、核武装国であるアメリカでも、ウクライナの戦闘に参加して同国を助けることができないということがはっきりしたのです。もちろん、ウクライナとアメリカが同盟関係にないことも影響していますが、同盟関係にあったとしても結果は同じだったと思います。

プーチン大統領が「必要があれば核兵器の使用も辞さない」と恫喝する中で、アメリカが仮に戦争に参加した場合、戦闘がエスカレートすれば核兵器の撃ち合いになる危険性があるわけです。そうした危険性があるからこそ、バイデン大統領は「戦争には参加しない」と最初から語っていたのでしょう。つまり、ロシアの核兵器によって、アメリカのウクライナ戦争への参加が抑止されているということです。

これを日本に当てはめると、核武装国である中国が非核武装国である日本に侵略した場合、核武装国であるアメリカが中国と日本の戦争に参加して戦ってくれる確率はほぼゼロに近いと思います。それが、今回のウクライナ戦争ではっきりしたことです。つまり、いまこそ日本は自力で戦う覚悟を固め、自主防衛の方向に大きく舵を切るべきです。

日本では「国家の自立とは軍の自立である」ということが十分に理解されていません。国家の自立と軍の自立はほぼ同意語です。つまり、どんなに「日本は自立すべきである」と叫んだところで、軍事的に自立しなければ、それは掛け声だけで終わってしまうということです。

日本は国家として自立し、対等の関係で日米安保条約を結び直す必要があります。現在の日米安保体制はアメリカへの従属体制です。

国家として自立しなければ、主体的な経済政策を採用することもできません。結局、アメリカの要求に沿った政策を強いられ、国益を毀損するような結果をもたらすということです。

またバイデン大統領の「ウクライナの戦争には参加しない」という発言の背後には、アメリカはウクライナ戦争が起きて欲しかったという背景があるかもしれません。ロシアに侵略してもらえばウクライナを支援することによってアメリカの軍需産業が儲かるわけです。国際政治は腹黒いのです。

―― 自衛隊の司令部と在日米軍の司令部が同じ場所に存在する現状について、どう考えていますか。

田母神 米空軍の横田基地の出先機関に自衛隊の航空総隊司令部が入り、米海軍の横須賀基地の出先機関に海上自衛隊の自衛艦隊司令部が入り、アメリカのレギュレーションによってコントロールを受けている状況は、決して独立国の姿ではないと思います。

ただ残念ながら、現在は自衛隊の力だけで日本を守ることはできません。いますぐアメリカ軍が撤退すれば、中国などに篭絡される可能性があります。したがって、まず日本の軍事力を増強して、自力で戦える体制が確立した上で、米軍の常時駐留ではなく、有事駐留に切り替えていくべきだと思います。

「日本の核武装」をアメリカに説得するチャンスだ

――日本の自主防衛の確立には核武装が必要でしょうか。

田母神　日本が核武装することによって、日本の安全性は向上すると思います。日本人には核に対するアレルギーが強く、左派と言われる人たちは日本の核武装には絶対反対の立場をとっています。しかし、核兵器は使用する兵器ではなく、戦争を抑止するための兵器です。ある国家が、ひとたび核兵器を保有すれば、その国家に対する攻撃はできなくなります。

アメリカは、「イラクが大量破壊兵器を持っている」という理由でイラクを攻撃しましたが、実はアメリカはイラクが大量破壊兵器を持っていないということを知っていたからこそイラクを攻撃できたのです。これに対して北朝鮮はどうか。アメリカが北朝鮮を軍事的に制圧することはそれほど難しいことではありませんが、北朝鮮は破れかぶれで、アメリカに対して核兵器を使用するかもしれません。どんなに北朝鮮の核兵器の性能が低いとしても、北朝鮮がニューヨークやワシントンをターゲットとして核攻撃し、命中させる可能性はゼロではありません。アメリカは、その可能性が僅かでもあれば、北朝鮮に対して攻撃することはできないと思います。つまり、日本が核武装すれば、日本に対して軍事攻撃をすることは難しくなります。

核兵器には軍事的な意味だけではなく、外交的な意味もあります。核武装国と非核武装国とを比べた時、その外交交渉力は大きく異なります。軍事力を背景にして、相手に対して「ふざけたことを言っていたら、ぶん殴るぞ」という姿勢を見せなければ、外交力は高まりません。

――日本の核武装をアメリカは容認するのでしょうか。

田母神　核兵器を保有している国は、新たな核保有国が生まれることを阻止しようとします。アメリカは民主主義国ですから、民間には「日本に核武装させてもいいではないか」と主張する人はいますが、アメリカ政府は日本に核武装させたくないと考えていると思います。

したがって、日本の核武装は、アメリカを説得し、調整しながら進めるしかありません。ロシアとウクライナの戦争が続いている現在のような状況は、日本がアメリカを説得するチャンスです。例えば、「日本と中国の戦争が勃発した時に、アメリカが参戦することは難しいのではないですか。だから、日本が核武装した方がむしろアメリカも安全になるのではないですか」と説得することもできると思います。

――日本が核武装するとすれば、どのような戦力で核抑止力を構成すべきだと思いますか。

北朝鮮によるＳＬＢＭの潜水艦発射実験

田母神　潜水艦発射弾道ミサイル（ＳＬＢＭ）を搭載した潜水艦を日本周辺に浮かべておき、万が一日本が核攻撃を受けたときには、潜水艦から直ちに反撃できる体制を確立しておくことが、日本が核抑止力を獲得する最善の方法だと思います。イギリスもそのような方法で核抑止力を担保しています。

――核シェアリングについてはどう考えていますか。

田母神　核シェアリングだけで終わってしまってはいけないと思いますが、自主核武装の前段階としては有効だと思います。核シェアリングを導入し、国民の核アレルギーを次第に減じていき、やがて核武装をすればいいと思います。

戦闘機国産化のために米国と交渉せよ

――自主防衛を確立するためには、兵器の国産化を進める必要があります。

田母神　現在、航空自衛隊はＦ35、Ｆ15、Ｆ２の３機種の戦闘機を使っています。Ｆ35、Ｆ15はアメリカ製でＦ２は日米共同開発で半分はアメリカ製です。アメリカ製の戦闘機を使用するということは、アメリカの継続的な技術支援を受けなければ、戦力を発揮できないということです。いまや兵器の能力の半分以上が、ソフトウェアに左右される時代です。例えば、Ｆ15は、航空自衛隊も米軍もほぼ同じ機体を使用していますが、基本ソフトウェア（ソースコード）が違うわけです。
ソフトウェアをアメリカから購入するということは、アメリカに自衛隊の戦力がコントロールされているということを意味します。これでは、自分の国を自分で守る体制はできません。アメリカが協力してくれれば、自衛隊はその戦力を最大限に発揮できますが、万が一アメリカが協力してくれなければ、自衛隊の戦力は格段に低下してしまうという状況に置かれているわけです。アメリカ製の兵器を使用し続けていては、軍の自立は確立できません。だからこそ、国産戦闘機を開発することが重要なのです。ところが、アメリカは日本に国産戦闘機を作らせたくないと考えています。

――振り返れば、占領時代にGHQは日本弱体化のために、わが国の軍事産業を解体しました。

田母神　いったん解体された軍事産業を再建することは非常に難しいわけです。軍事産業を支えていた技術者たちも散らばってしまい、それを再び結集することは非常に困難でした。そのため、日本の戦闘機開発のための技術力は一旦失われてしまい、ゼロからスタートしなければなりませんでした。

そこで、アメリカから購入した戦闘機の図面にしたがって、三菱重工などの国内メーカーが生産するというライセンス生産が採用されました。ライセンス生産を行うためには国内に製造施設を設け、技術者を集める必要がありますから、アメリカ製を購入するよりもコストがかかります。それでも、ライセンス生産を開始したのは、やがてそれが国産戦闘機を生産する足掛かりになると考えていたからです。

そして、昭和50年に国産戦闘機F１がついに初飛行しました。わが国は、その後継機であるF２の開発も、引き続き国産体制で進めようとしました。ところが、アメリカは、「日米で共同開発する方がいい」と横槍を入れてきたのです。アメリカの本音は「日本に自前の武器・兵器は作らせない」ということでした。実は、アメリカは１９８０年代に日本が開発したレーダー技術やチタン合金の技術の高さに驚き、日本が戦闘機を国産化すれば、アメリカ以上の戦闘機を開発するかもしれないと警戒していたのです。

当時、航空自衛隊は国産を主張しましたが、結局中曽根総理はアメリカの要求に屈して、日米共同開発を

F 35 A（航空自衛隊提供）

決定してしまったのです。これによって、兵器国産化路線は頓挫してしまったのです。

自主防衛体制を確立するためには、日本はアメリカを説得し、戦闘機を国産化しなければなりません。例えば、戦闘機３機種のうち２機種はアメリカ製、１機種は日本製で認めてほしいと粘り強く交渉すべきです。

――航空自衛隊が導入予定の次期戦闘機については、日英の共同開発が検討されています。こうした動きをどう見ていますか。

田母神　アメリカ一辺倒よりはましだと思います。これまでは、どんなに条件が悪くてもアメリカ製の兵器を買わざるを得ない状況でした。そのような状況ではアメリカのサービスは低下します。仮に条件が悪ければイギリス製の兵器を購入するというような選択肢があった方が、日本は有利です。

――米英豪の安全保障枠組み「ＡＵＫＵＳ」を通じ、オーストラリアの原子力潜水艦建造に米英が技術協力すると報じられています。日本の原子力潜水艦建造についても、英米の協力を得ることはできるでしょうか。

田母神　日本はそうした要求はしていませんが、仮に要求すれば協力を得ることはできると思います。

国民が対米自立の声を上げるべきだ

――日本の防衛産業は衰退に向かっていると指摘されています。

田母神　アメリカ軍は、工廠と呼ばれる自前の兵器製造基盤を持っています。旧日本陸軍・海軍も工廠を持っていました。ところが、自衛隊には工廠がありません。工廠に当たる部分を、三菱重工、川崎重工、ＮＥＣ、東芝、三菱電機といった民間企業が担っているのです。したがって、これらの民間企業が兵器を製造し、自衛隊を支援する体制を維持し続けなければなりません。

日本の防衛費はバブル崩壊以降、ほとんど増えませんでした。第二次安倍政権では増額に転じたものの、それは微々たるものです。しかも、アメリカから高額な兵器を購入しなければならなくなったため、国内の防衛産業に落ちる予算は減少してきたのです。そのため、ここ10年の間に、兵器の生産から撤退する企業が増えているのです。

日本の防衛産業も「国家のため」という意識を持って頑張ってきてくれましたが、民間企業は利益を上げなくては経営がなり立ちません。つまり、兵器製造によって利益が得られなければ、防衛産業は存立できません。

しかも、日本は兵器輸出が禁じられていました。安倍政権は２０１４年に、武器の輸出を原則禁じてきた武器輸出三原則を撤廃し、「防衛装備移転三原則」を制定しました。これにより、一定の基準を満たせば武器輸出や国際的な共同開発・生産ができるようになりましたが、長年武器輸出を禁止してきたというマインドの中で、日本の防衛産業はなかなか兵器生産に積極的になれません。

こうした状況の中では、自衛隊向けの生産によって民間企業の利益が確保できるように防衛予算を増額する必要があります。政府は今後5年間で防衛費を2倍にするという方針を示していますから、是非それを実現してもらいたいと思います。ただ、日本の防衛費が拡大すれば、アメリカは日本に高額な兵器を売り込もうとします。増額された防衛費がアメリカの防衛産業にばかり落ちて、国内の防衛産業に落ちないようでは、自主防衛体制は確立できないと思います。自主防衛の確立という視点から、防衛予算の使い方についてきちんと議論することが重要だと思います。

――現在の自民党政権は対米自立を進めることができるでしょうか。

田母神　非常に難しいと言わねばなりません。自民党内には、「アメリカ派」と「中国派」はいますが、「日本派」はほとんど存在しません。「日本派」の力を強めるためには、まず国民が「日本は自立すべきだ」という声を上げる必要があると思います。

日本の國體に目覚めることが自主防衛の前提である！

元衆議院議員 西村眞悟

戦前・戦後の連続性回復が自主防衛の第一歩だ！

我ら日本国民が、祖国日本の普遍的で根源的な価値、つまり國體、即ち、日本の真の憲法、を自覚していることが自主防衛の前提である。

しかるに、七十七年前に我が国を軍事占領したアメリカを中心とする連合軍は、我が国からこの自主防衛の前提を奪うために、我が国の戦前と戦後の連続性を切断する「日本国憲法と題する文書」を起草した。従って、この文書の「前文」に曰く、「日本国民は･･･政府の行為によって再び戦争の惨禍が起ることのないようにすることを決意し」と。そして、「われらは、これに反する一切の憲法、法令及び詔勅を排除する」と。その上で、「平和を愛する諸国民の公正と信義に信頼して、我らの安全と生存を保持しようと決意した」とは何事か。自主防衛の放棄ではないか。そして同文書九条には「陸海空軍はこれを保持しない。国の交戦権はこれを認めない」とある。馬鹿も休み休み言え。

さらに同文書十三条には、「すべて国民は、個人として尊重される」とあり、これは、日本国民を、日本の歴史や伝統や慣習や文化、即ち國體から影響を受けない「砂粒のような個人」であるべしと規定しているのだ。こんなものは、我が国の憲法ではない。よって、この文書を無視して、教育勅語の「一旦緩急あれば義勇公に奉じ以て天壌無窮の皇運を扶翼する」覚悟を固めて、戦前と戦後の連続性を回復することこそ、自主防衛の第一歩である。

その為に、まず、昭和天皇が昭和二十年八月十五日に、全国民に発せられた「大東亜戦争終結の詔書」にある「朕は茲に國體を護持し得て」、「確く神州の不滅を信じ」そして「誓て國體の精華を發揚し」という「玉音」を噛みしめ肝に銘じることである。「教育勅語」と「この玉音」さらに昭和天皇が戦後初めて迎える元旦に発せられた「年頭、國運振興の詔書」の冒頭に掲げられた明治天皇の「五箇条の御誓文」こそ、我が国の「不文の憲法」である。さらに、自主防衛を謳う以上言っておく。「七生報国」が我が国民の「不変の心意気」である、と。これが、不変であるからこそ、日本が日本である限り、楠木正成は幕末から大東亜戦争まで何度でも甦ってきたのだ。

　さて、約三千万年前に、ユーラシア東端において、大陸のプレートと海のプレートのぶつかり合いによって開いた溝に海水が流れ込んで日本海が生まれ、太平洋上に、七割以上が山岳地帯で平野が少ない、あたかも山脈の先端が海に浮かんでいるような地形の日本列島が形成された。そして、この日本列島は、ユーラシア大陸の何処よりも豊かな風土と生物多様性を有していた。従って、我々の先祖は、この日本列島において、食を求めて移動して彷徨う必要がなく、人類最古の安定した定住生活を一万七千年以上維持してきた。しかも、人類の歴史上、日本列島でしか起こりえない稀有なことが起こっていたのだ。それは、外部から定住集落を護る防御壁が無いということだ。ここから「日本」が生まれた。ユーラシアと地続きであれば「日本」は生まれない。何故なら、同時期のユーラシアでは、人の定住集落には、必ず防御壁が造られている。後には、定住集落どころか国ごと城壁で囲もうとした地域もある。これが今に遺る万里の長城だ。

　では、定住集落を外部から護るための防御壁がない日本列島で一万年以上の時が経てばどうなる。森や川や海の幸と恵みに感謝し、日本の自然に神々が宿ると信じる人々の穏やかな集落を越えた交流が何世代にわたって重なってゆく。そして、日本列島に、「万世一系の天皇を戴く一つの家族の國」が生まれた。

　十四世紀、北畠親房は、支那や天竺と比べると日本のみが開闢以来万世一系の天皇を戴いていることを以て「大日本は神國也」（神皇正統記）と宣言し、二百五十年後の十六世紀の末、豊臣秀吉は「日本は神國たる處、きりしたん國より邪法を授け候儀、まことに以てけしからん」と切支丹伴天連追放令を発した。即ち、秀吉の神國の自覚が、日本を護ったのだ。その時、戦国時代であった日本は、良質の鉄砲を造ることが出来たが、弾を撃ち出す火薬が無かった。そこで欧州から来訪した切支丹伴天連（キリスト教宣教師）は、武器商人と奴隷商人と一体となって、異郷の珍しい貢ぎ物を大名に与えて切支丹に改宗させた。そして、そのキリシタン大名の領地にある神社や仏閣を破壊して耶蘇の教会を建て、武器商人と奴隷商人は、欧州の奴隷市場で売る為に、大名に一樽の火薬を渡して領地から五十名の少女達を受け取っていた。日本の少女は、聡明で従順だったので欧州の奴隷市場では高値で売れたのだ。

秀吉は、北九州のキリシタン大名の領地を視察して、この切支丹伴天連達の行状と本質を知り、即座に我が國體に反するものと見抜いて前記の通り「伴天連追放令」を発した。我々は、秀吉の慧眼に感謝しなければならない。

以上の通り、「日本を護る」ということは、単に土地所有権を守るということに留まらず、「國體を護る」こと「神州を護る」ことである。よって、自主防衛は、単に武器だけを揃えることにだけではなく、先ず、日本の価値、日本の國體に目覚めることを前提としなければならない。従って、冒頭に記したように、われわれ一人一人が、日本の真の「不文の憲法」を知らねばならないのだ。そして、この自覚は、座学の中で知識として得られるものではなく、武器を持って祖国を守る訓練のなかで体得されるものである。しかし、この祖国を守る訓練が、現在の日本に一番欠けている。

我が国が学ぶべきスイス連邦の姿勢

そこで、現在の我が国が学ぶべきスイス連邦の姿勢を次に紹介したい。スイス連邦政府は、「民間防衛」という冊子（全三百十九ページ）を作成し、全スイス国民に配布している。まず、その冊子の「前書き」は次のようにはじまる。

国土の防衛は、わがスイスに昔から伝わっている伝統であり、わが連邦の存在そのものにかかわるものです。そのために武器をとり得るすべての国民によって組織され、近代戦用に装備された強力な軍のみが、侵略者の意図をくじき得るのであり、これによって、われわれにとって最も大きな財産である自由と独立が保障されるのです。……今日では、戦争は全国民と関係を持っています。……つまり、どこから来るものであろうとも、あらゆる侵略の試みに対して有効な抵抗を準備するのに役立つということです。……一方、戦争は武器だけで行われるものではなくなりました。戦争は心理的なものになりました。作戦実施のずっと以前から行われる陰険で周到な宣伝は、国民の抵抗意思をくじくことができます。精神＝心がくじけたときに、腕力があったとして何の役に立つでしょうか。反対に、全国民が、決意を固めた指導者のまわりに団結したとき、だれが彼らを屈服させることができましょうか。

民間国土防衛は、まず意識に目覚めることからはじまります。われわれは生き抜くことを望むのかどうか。われわれは、財産の基本たる自由と独立を守ることを望むのかどうか。……国土の防衛はもはや軍だけに頼るわけにはいきません。われわれすべてが新しい任務につくことを要求されています。今からすぐにその準備をせねばなりません。われわれは、老若男女を問わず、この本と関係があるのです。

このスイスを、戦後に生きる我々は見習い、戦後から脱却すべきである。よって我が国政府は、スイス政府と同じように、「武器をとり得るすべての国民」によって組織され、近代戦用に装備された強力な軍を創設しなければならない。

また、今すぐ実施できることは、教員免許の取得には最低六カ月間の自衛隊入隊を要件とすること、また、一定の要件を経た自衛隊員に教員免許を与えることである。即ち、国を守る訓練を受けた者が、明日を担う子供達の教育を担当するシステムを創るのだ。自ら団体生活と団体訓練を経験したことのない者が、一クラス数十名の子供達の集団を統率できるはずがない。同時に、日本国政府はスイス政府と同様に、「民間防衛」という冊子を創り、それを中学三年生に、一週間に一講義の割合で一年間教えるべきである。また、文武両道と言われるとおり、義務教育のなかに武道を取り入れるべきである。

迎撃能力だけで日本を守れるのか

自民党衆議院議員　武田良太

南シナ海やシーレーンでの有事を想定すべきだ

――日本は台湾有事にどう備えるべきですか。

武田　台湾をめぐる状況は、わが国の安全保障に重大な影響を与えます。また、台湾は日本と親交の深い国であり、現在の台湾の状況を他人事としてとらえることは避けなければなりません。

中国が今まで以上に台湾統一に向けた動きを活発化させる中で、わが国は南シナ海やシーレーンでの有事を想定しておかなければなりません。中国は、8月に台湾東部沖へ複数の弾道ミサイルを発射し、日本の排他的経済水域（ＥＥＺ）内にも落下しました。

アメリカのインド太平洋軍（INDO-PACOM）の前司令官は、「台湾を巡る危機が２０２７年までに顕在化するおそれがある」とも語っています。同盟国であるアメリカ側からのこうした情報発信も踏まえ、わが国はきちんと対応していく必要があります。安倍元総理が「台湾有事は日本有事であり、日米同盟の有事でもある」と発言されたのは、正しい認識だったと考えています。

台湾有事が発生した際、その状況に応じて、重要影響事態、存立危機事態、武力攻撃事態の事態認定を速やかに行い、適切に対応していかなければなりません。重要影響事態ということになれば、米軍の後方支援に関して万全を期す体制が必要となります。また、台湾には2万数千人の邦人が在住していますが、日本政府はそうした邦人の安全を考えなくてはいけません。

与那国駐屯地で開かれた隊旗授与式（平成 28 年 3 月 28 日）

一方、南西諸島地域の方々からは「我々の生活と命を守ってほしい」という強い要望を頂いており、南西諸島防衛にもきちんと対応していかなければなりません。

政府は5年以内の防衛力の抜本的強化を掲げ、国家安全保障戦略、防衛計画の大綱などの改訂の準備も進めています。私も党の安全保障調査会のメンバーに加わっており、防衛力の構築と、国民保護の観点から体制を強化していきたいと考えています。

――南西諸島の防衛のために与那国駐屯地などの強化が進められてきました。

武田　南西諸島防衛を強化するため、国を挙げて努めてきました。第二次安倍政権時代、私は防衛副大臣を務めていましたが、平成28（２０１６）年3月、与那国島に与那国駐屯地を開設し、沿岸監視隊を配備しました。また平成31年には、奄美大島に駐屯地を開設し、宮古島に警備隊を配置しました。

あらゆる選択肢を排除せず、国民の生命と財産を守る方法を検討すべき

――敵基地攻撃能力（反撃能力）の保有をどう進めていくのですか。

武田　敵基地攻撃能力の保有に関しては、昭和30年代に、それが憲法違反なのかどうかをめぐり、様々な議論が交わされましたが、鳩山一郎総理が昭和31（１９５６）年2月の国会答弁で「座して自滅を待つべしというのが憲法の趣旨とは考えられない」と述べた通り、現行憲法においても敵基地攻撃能力の保有は

可能であるというのが政府の見解です。

ただし、科学技術の発達によってミサイルの高度化などが進み、安全保障環境は当時と様変わりしています。そうした環境の変化にわが国が対応できているかが、まず問われなければなりません。自己防衛はあらゆる独立国家に与えられた自然権です。もちろん、他国をいたずらに刺激するような防衛論争は避けなければならないと思いますが、我々は国民の生命と財産を守るためには、主権国家としてあらゆる選択肢を排除してはなりません。その一つが反撃能力の議論なのだと思います。

いまや中国は、高精度化した地上発射型中距離ミサイルを大量に保有しています。こうした中で、迎撃能力だけでは日本の安全保障を維持することは難しくなっています。

「北朝鮮や中国が、一度に大量のミサイルを発射する飽和攻撃を行う能力を持っている時代に、相手が撃ってこちらに被害が出るまで待っているのか」という問いかけは、重大な意味を持っています。

日本の領土に向かってくるミサイルを迎撃できなければ、甚大な被害が出る可能性があります。そうした攻撃を阻止するための防衛力とは何かを、しっかり検討しなければなりません。日本が反撃能力を保有し、それを使うという意志を相手に示すことが、抑止力の強化につながると考えています。

―― 専守防衛という考え方自体を見直す必要があるとの議論もあります。

武田 私は、反撃能力は専守防衛の範囲で保有することができると考えています。繰り返し強調したいのは、ミサイルが高度化し、戦力の多様化が進む中で、迎撃だけで国土を守ることはできなくなっているということです。これまではアメリカの打撃力に依存してきましたが、日本自身が反撃能力を持たなければ、国土を守れなくなっているのです。ですから、国民の皆様も、憲法の範囲内、専守防衛の範囲内で、わが国が反撃能力を保有することを理解していただけると考えています。

―― 安倍元総理は「核シェアリング」を提起しました。

武田 「核シェアリング」についても、議論すべきだと思います。先ほど申し上げたように、あらゆる選択肢を排除せず、国民の生命と財産を守る方法を検討すべき状況にあるからです。安倍元総理がそうした問題提起をしたのも、安全保障環境が急激に変化してきたからです。ただし、核シェアリングには国民の理解も必要ですし、日米同盟の枠組みの中で議論する必要があります。

国債発行による防衛費増額も検討すべき

―― 政府は防衛費を5年間で倍増する方針を示しています。

武田 いたずらに防衛費を拡大するということではなく、まず何を優先するのかというプライオリティについて、軍事的な知見を活かした冷静な議論をする必要があると思います。

限られたリソースをどこに重点的に投下するかについては、自衛隊独自に考えると同時に、日米同盟の戦略、あるいは日米韓の戦略の中でも考えていかなければなりません。

私は、インテリジェンスにも予算を割いていくべきだと考えています。我々は、今回ウクライナの戦争から、いかにインテリジェンスが重要かを改めて学びました。

世論調査を見ても、防衛費増額に賛成している国民が多数を占めていることがはっきりしています。今後、増額した防衛費をどのようにして有効に使うかが重要な課題になると思います。

日米豪印「クアッド」首脳（令和4年5月24日）

―― 国債発行によって防衛費を賄うという考え方も出てきています。

武田 私は国債発行によって賄ってもいいと考えています。

―― 長期的には、日米安保への

依存を減らし、自主防衛に転換すべきではないでしょうか。

武田 先の大戦の教訓を風化させてはならないという考えが強すぎて、戦後の日本はあまりにも安全保障について無頓着過ぎました。安全保障の強化を進めると同時に、外交的には韓国、ASEAN諸国、日米豪印4カ国のクアッドなどとの関係を確立しながら、安全保障体制の枠組み作りに全力で振り組んでいかなければなりません。

安全保障の問題が陸海空だけではなく、宇宙、サイバーなどの領域に拡大する中で、情報の共有がさらに重要になっており、友好国や価値観を共有する国との連携を強化する必要があります。

地域の安全保障のためには各国の連携が重要だ

―― 日本は原子力潜水艦の配備を検討すべきではないでしょうか。

武田 日本を取り巻く脅威が深化する限り、我々もその脅威に対峙できる能力を確保すべきだと思います。必要なものは整備してしかるべきです。ただし、日米、日米韓の枠組みの中で、それぞれの役割を調整する必要があります。地域の安全保障維持のために連携が重要な時代には、一国だけが何もしないことも、逆に一国だけがやり過ぎることも望ましいことではないと思います。一国が独走しては、調和は維持できません。

―― アメリカは機密情報の管理体制が甘い日本に対して不信感を持っているとの指摘もあります。

武田 アメリカは日本と緊密な連携をとり、日本の協力を得なければ、インド太平洋における安全保障戦略も遂行できなくなってくると思います。したがって、アメリカが日本を信用していないのではないかという心配は無用だと考えています。

同盟を機能させるためには、情報を共有しなければなりません。今後はインド太平洋地域の安全保障の確立のために、一国だけが負担するのではなく、各国がそれぞれの役割分担を決めて共同で取り組んでいくという発想に変えざるを得ないと思います。そうすることによって、地域における広範囲な抑止力が構築できるのではないかと思います。

日本は北朝鮮を見倣え

国家基本問題研究所客員研究員
堀　茂

「自主防衛」とは

「自主防衛」とは半世紀以上前から我が国で高唱されてゐたスローガンである。当時は共産党の宮本顕治氏までが、それを主張してゐた。考へてみれば、防衛といふものを主体的に自身で行ふといふのは至極当然なことである。それを殊更「自主」といふ言葉を使はなければならなかつたところに我が国の特殊性がある。その根源は、やはり「現行憲法」の欠陥に求められるが、それを補ふ意味で日米安保といふものがある。

「自主憲法」制定と「自主防衛」は、かつてワンセットであつた。「自主憲法」なくして「自主防衛」なく、「自主防衛」なくして「自主憲法」なしである。だが、「自主憲法」があつても「自主防衛」は達成されないといふのは他国の例でも分かる。また「自主防衛」＝日米安保破棄といふ意見もあつた。

しかし、「自主防衛」が必ずしも同盟を否定するものではないと思ふ。同盟関係が継続しても「自主防衛」は可能である。フランスなど元来「同盟すれど、同調せず (alliés, pas alignés)」である。勿論、何を以て「自主防衛」と規定するかの問題である。例へば、日英同盟は攻守同盟であつたが、我が国の主体性といふものは担保されてをり、その為に我が国防方針が歪曲されたといふことはない。

その主体性だけでは不十分な部分を補ふといふことが同盟であり、故に日米同盟といふフレームのなかでも「自主防衛」といふものは一考する必要がある。

また別の議論として「自主防衛」の外に「単独防衛」といふことがある。

両者は似てゐるやうで厳密には違ふ概念であると思ふ。「自主防衛」は、同盟国との関係を排除しない。但し我が国のやうにその関係が実質的に対等でなければ、それは「保護条約」に近い。他方「単独防衛」といふのは独立を維持するため、外国軍による駐留はじめ自国の国防政策への容喙や関与を完全に排除し、かつ他国の軍事力に依存せず防衛を可能とする国家と規定出来る。かかる意味で、米国、中共、ロシアは「単独防衛」国家である。

ではNATO諸国はどうであらうか。彼らは須く米国の圧倒的な軍事力に依存してをり、米軍の駐留を積極的に受け入れてゐる。全て米国ありきである。集団防衛とは言ひ条（ながら）、実質的にそれを担ふ国は極少数に限られてゐる。英仏の如く核保有国であつても、ブレジンスキー(Zbigniew Brzezinski)が云ふやうに、彼らも「自主防衛」国家といふより米国の「顧客国家（client）もしくは「従属国家（vassal）」と規定した方が正確であらう。

フランスが一時期NATOを離脱したのは、米国とは一線を画す国防政策を志向したからである。「フランスの栄光」といふ「自主防衛」国家を目指してゐた。だが、この政策は米国を激怒させ、後悔したフランスは、やがてNATOに復帰した。英国に至つては、長年「特別な関係」を構築してゐると云はれるが、現状は米国のジュニア・パートナーである。又英仏共に核保有国だが、米国の意図を無視して核攻撃は出来ない。事実上、核管理は米国とのダブル・キーといふことになるが、これにより核抑止力が無意味になることはない。

“最悪の事態に備へる”ことをしない日本

「核」といふものは極少数の戦術核であつても、巨大な抑止力を持つ。フランスが保有に拘り、北朝鮮が断固として放棄しないのも、この抑止力を理解してゐるからである。「北」のやうな経済的貧国にとつての核保有は、最小の経費で最大の外交的パワーと軍事的抑止力を得られる最良の策なのである。瞠目すべきは、彼らが圧倒的なコスト・パフォーマンスを以て、自身と自身の立ち位置を正確に理解してゐることだ。「北」は「核」の管理と使用を、他国の容喙なしで自ら実行しようしてゐる点から云へば、英仏より遥かに「自主防衛」国家と規定出来る。

「北」は他国による「核の傘」など端から信用してゐない。故に長年に亘り「核」の研究開発に注力し、その有用性とリスクを冷静に分析、それを着実に外交に結び付け実行して来た。既に彼らがＩＣＢＭまで保有して、我が国や米国の脅威となつてゐる事に対して、我々はそれらを迎撃することで対抗しようとしてゐる。常識で考へても、このやうなことが完璧に出来るものではない。

それを明言しないのも問題だが、これまで憲法上の制約と「核」不在が所与のまゝ国防が議論され、かつ絶対平和主義の中での「核」への情緒的嫌悪が政治やマスコミを支配してゐたことが大きい。特に「核」に対する経験的怨念は、議論すら封殺した。念の為云ふが、「北」の軍事外交戦略を評価することと、その非民主的で専制的な体質を許容することは次元が違ふ。これは国防政策の戦略性の有無といふことである。

我々が最も知らねばならないのは、今想定してゐる我が国の「有事」がどういふもので、その際に自衛隊はどの位の期間、どうやつて戦ふのかといふことである。それが25万人足らずで、可能なのかどうか。また人が足りても、肝心の弾薬は足りてゐるのか。

そもそも我が国では有事といふもの自体が想定外なのである。我が国で云ふ「有事」とは、役人の「想定」によつて策定されてゐるものに過ぎない。一般論としても有事が想定を遥かに超える事態になることは歴史的常識である。

例へば、現在の防衛計画では多方面からの飽和攻撃など全くの慮外で、一箇所への攻撃が想定されてゐるだけである。それも数日間自衛隊が防禦した後に、米軍の来援を俟つて反撃するといふシナリオである。我々で全てやるなどとは端から思つてもゐないのだ。政治も国民も、それを当然と考へるナイーヴさと厚顔がある。

現実は逆で、米軍が動かないケースといふものを考へねばならない。かう云ふと約定(安保条約第五条)があるから大丈夫と政治家は云ふだらう。何といふ〝太平楽〟であらうか。本来、想定外のことを想定すべき処、我が計画に斯様な思考はなく、須く米軍は出動することになつてゐる。米軍が確実に動くのは、日本国内の自軍基地が攻撃された時だけである。要は我々のシナリオに〝最悪の事態に備へる〟(prepare for the worst) といふ基本が欠落してゐるのである。

核武装の本質的意味

戦力の本質とは、戦闘機の機数やイージス艦の隻数といふ「正面装備」の質と量だけではない、それを支へるマンパワー×弾薬数(燃料も含む)である。メディアも「正面装備」の比較しかしない。それらが幾ら立派でも、動かねば単なる鉄の塊に過ぎない。寧ろ旧装備であつても人と弾薬や燃料が潤沢な方が勝つ。加へて戦争への耐性といふか許容限度が問題である。国民の精神力といふことだ。

ヴェトナムもさうだつたが、分裂した国家はより貧しい方が強い。北朝鮮の国民は韓国の豊かさを羨望してゐるが、戦争への耐性がある。だが、「南」にそれはない。満たされた人々は戦争など欲しない。「北」は生きるか死ぬかである。強国に囲繞された貧しい国家にとつて、自身の旧式で脆弱な装備を補ふには、「核」のみが「自主防衛」の〝特効薬〟となるといふことを、国民も理解してゐる。

「北」にとつて「核」保有は軍事外交上の戦略としての抑止力獲得(特に対米)だけでなく、中共からの自立といふ側面もある。「核」を保有することで、より対等な関係に近づくことは明白であり、自律性も高まる。我が国のやうに幾ら最新鋭の通常兵器を揃へてゐても「核」が不在であれば、国家全体の戦略的抑止力といふものは向上しない。逆に「北」のやうに装備は旧式で貧弱でも少数の「核」が存在することで、抑止力のバランスは均衡に向かひ対峙することが可能となる。

元来「核」といふものは使用する為ではない、存在することに意義を持つ兵器である。勿論、絶対不使用といふことではないので、報復としての使用は確実にする〝肚〟もなくてはならない。「北」は、「核」保有をコスト・パフォーマンスのある、国家の自立性と戦略性を高める最高の「弱者の強者に対する抑止(dissuasion du faible au fort)」と理解してゐる。日米にとつて「北」は〝ならず者国家〟であることは間違ひないが、こと「核」に関する戦略的対応だけは我々も見倣ふべきである。

核武装なくして自主防衛なし

軍事アナリスト　毒島刀也

核保有していない国には、戦争する権利すらない

——日本が自主防衛体制を確立するためには、核武装が必要でしょうか。

毒島　自主防衛の究極の目的は核兵器の保有です。核兵器なき自主防衛は画竜点睛を欠いた自主防衛に過ぎません。私は、核保有していない国には、戦争する権利すらないと考えています。ウクライナを見てもわかるように、核兵器がなければ一方的に攻められるだけです。

——日本が核武装するためには、何をそろえればいいのですか。

毒島　すでにすべてそろっています。弾道ミサイルは、宇宙航空研究開発機構（ＪＡＸＡ）が開発している新型固体燃料ロケット「イプシロン」によってクリアしています。

ただし、核兵器として使用できるウランあるいはプルトニウムが必要です。核分裂を起こすウラン２３５の濃縮度を20％以上に高めたものは高濃縮ウランと呼ばれますが、兵器として使用するためには90％以上に濃縮する必要があります。

天然ウランの中には、ウラン２３５は０・７％しか含まれておらず、天然ウラン１トンからウラン２３５は７kgしか採れません。そのため遠心分離機によって分離（濃縮）していきますが、青森県六ヶ所村にある日本原燃のウラン濃縮工場の規模では間に合わず、濃縮工場の増強が必要となります。

一方、プルトニウムを核兵器として使用する場合

も、ウランの場合と同じように、プルトニウム239を93%以上（兵器級）となるように分離精製しなければなりません。このため兵器級プルトニウムを分離精製できる原子炉「プルトニウム生産炉」が必要となります。プルトニウム生産炉には、黒鉛炉と重水炉があります。実は、かつて日本は、この両方の原子炉を稼働していたのです。黒鉛炉は、日本初の商業用原子力発電所でもある東海発電所です。

１９６４年に中国が初の核実験を行うと、日本は１９６８年に内閣官房内閣調査室（現内閣情報調査室）が主導して『日本の核政策に関する基礎的研究』という報告書をまとめました。この報告書は、東海発電所を使えば「年間約１００kgのプルトニウム」が生産でき、少数のプルトニウム原爆の製造は可能と明記していました。しかし、東海発電所は１９９８年に運転を終了し、すでに廃炉作業が始まっています

一方、重水炉は新型転換炉の原型炉「ふげん」です。ふげんはその後、実証炉に引き継がれる予定でしたが高コストのため計画が中止され、２００３年に運転を終了しました。

つまり、核兵器製造のためには、ウラン濃縮工場を増強するか、プルトニウム生産炉を再建設する必要があり、それには時間とコストがかかります。

参考になるイギリス型の核武装

―― 日本の核武装については、技術的に可能だとしても政治的には難しいとされています。

毒島 日本が核兵器開発に乗り出せば、核兵器不拡散条約（ＮＰＴ）体制から脱退しなければならなくなります。それまでに濃縮可能なウランとプルトニウムを確保しておく必要があるということです。同時に、国際的な制裁を考慮すると、短期間で濃縮を終わらせ、弾頭化し、実験をする必要があります。また、核兵器の開発を秘密裏に進めるには、防諜組織の創設が不可欠になるでしょう。

例えば、太平洋の友好国で核開発を秘密裏に進め、それを日本に持ち込むといったアクロバチックな方法を考えなければ、核兵器開発を進めることは難しいでしょう。

―― アメリカは日本の核武装を容認しますか。

毒島　容認しないでしょう。したがって、一時的に日米関係が悪化することも覚悟しなければなりません。アメリカという市場を失ってでも、核武装するという覚悟が必要です。そのためには、アメリカ以外に市場を確保しなければならないということです。

――日本が核武装する場合、どのような核戦力を持つのが有効ですか。

毒島　日本の場合には、潜水艦発射型弾道ミサイル（SLBM）を搭載した原子力潜水艦を配備する形で、核抑止力を確保する必要があります。日本には、原子力潜水艦を製造する能力もあります。ただ、その維持には相当の手間がかかるのです。原子炉の核燃料棒の寿命を長くする必要があります。

かつてスウェーデンも核兵器保有を検討したことがありましたが、運搬手段が確保できないこと、また国民世論を考慮して断念した経緯があります。日本の場合には、技術的、資金的にはクリアできますが、国民世論が最大の障害になるでしょう。

――SLBMによって核抑止力を担保しているイギリスのやり方は、日本の参考になりますか。

毒島　戦力を取捨選択し、保有する装備にメリハリをつけるという意味では、イギリスに学ぶべき点は多いと思います。イギリスは、海軍に戦力を集中し、空軍、陸軍は最小限の外征戦力を維持する以外はバッサリ削った「割り切った」編成をとり、核弾頭付きのトライデント・ミサイルを搭載した4隻のヴァンガード級原子力潜水艦を保有しています。イギリスは、核抑止力の確保を最優先しているということです。フランスもまた、潜水艦建造を優先するために、戦車や戦闘機の配備を10年単位で遅らせました。英仏のように、他の戦力がある程度貧弱になっても構わないから、SLBMを優先するという選択肢はあります。

核武装にかかる費用は4兆5500億円

――核武装にはどれだけのコストがかかりますか。

毒島　私が監修した『自衛隊自主防衛計画』（宝島社、2017年）で試算したところでは、4兆5500億円は必要という結果が出ました。中曽根康弘元首相は、自著『自省録』の中で、1970年の防衛庁長官時代に試算したところ、「当時の金で2000億円、5年以内で核武装できる」との結論が出たと書いています。この試算に基づいて、5年で核保有、次の5年で実用小型核の開発を完了するものと想定すると、1兆2500億円かかることになります。また、文科省管轄での関連施設建設や研究・支援として1兆6000億円、原子力空母・潜水艦の原子炉開発に1兆7000億円、合計4兆5500億円の費用が必要となります。

ただし、核兵器がシステムとして100%動作するようになるには、核保有から最低15年はかかると考えられます。フランスもドゴール時代の1960年代に核保有しましたが、システムとして完成したのは2000年代に入ってからです。

日本の場合も、核弾頭24発を搭載したSLBMを配備した原子力潜水艦4隻体制を確立するには、30年間程度は必要でしょう。万全の態勢を整えようとすれば、さらに時間を要します。とはいえ、北朝鮮レベルの核兵力であっても、一定の抑止効果を持つことは可能です。

――　核シェアリングについてはどのように考えていますか。

毒島　核シェアリングについて、日本人は重大な点を見落としています。核シェアリングを導入した場合、敵に対して、あるいは日本の領土外で核兵器が使用されるように認識していますが、そうなるとは限りません。

米ソ冷戦時代から、ドイツは、侵攻してくるソ連軍に対して、戦術核兵器で対抗するために核シェアリングを導入してきました。しかし、配備されているのは射程の短い戦術核兵器ですから、ドイツの領土内で使用される可能性があるということです。核シェアリングを導入すれば、日本の領土内で核が使用される可能性もあるということを忘れてはなりません。

――　通常兵器によって抑止力を強化することは難しいのでしょうか。

毒島　戦闘がエスカレーションしていけば、最終的には核兵器の使用にいきつきます。つまり、核保有国による攻撃を抑止しようとすれば、核兵器が必要だという結論にいたります。

私は、プーチンは追い詰められれば戦術核兵器を使用する可能性があると考えています。ただ、仮に戦術核兵器が使用されれば、通常兵器の被害と戦術核兵器の被害に大差がないことが明らかになるでしょう。その結果、これまで抱かれていた核兵器への恐怖が薄らいでしまうかもしれません。「核兵器神話」の崩壊です。そうなれば、逆に通常兵器が抑止力を持つ時代が訪れるかもしれません。

偵察力の強化を急げ！

――当面の脅威に対処するためには、どのような優先順位で日本の防衛力を整備すべきなのでしょうか。

毒島　たとえ日本が核武装を決断したとしても、実戦配備には相当の時間がかかります。当面は、日米同盟において、アメリカのパートナーとして頼れるレベルまで日本の防衛力を強化していくしかないと思っています。

まず優先すべきは、偵察力の強化だと思います。相手に対してミサイル攻撃する場合、目標情報が少しでも古ければ、攻撃しても「もぬけの殻」だったということになりかねません。日本は、アメリカが持っている情報と対等に照らし合わせることができるだけの情報収集力を獲得する必要があります。現状では、Ｆ35が日本における偵察力としては最良の兵器です。また、衛星偵察ネットワークへの投資を拡大すべきです。

新たな脅威に対する対応も重要な課題です。現在は陸海空の領域だけではなく、サイバー、宇宙、諜報分野での脅威が拡大しているからです。

そこで、偵察力の強化とともに必要とされているのが、諜報部門、宇宙自衛隊のような組織、極超音速滑空兵器にも対応できるミサイル防衛システム、原子力潜水艦などです。また戦時法制の整備も急ぐ必要があると思います。

――自衛隊の戦力増強に合わせて、本土の在日米軍を縮小していき、段階的に自主性を回復する必要があると思います。

毒島　独立国家としてそれは当然のことです。右翼から見れば、横田や横須賀の米軍基地は皇居をいつでも攻撃できる占領軍の出城のような存在です。そうした基地が国内にいまだに存在していることは異常なことです。わが国は、防衛における自主性を回復するためにも、まずは自衛隊の戦力拡大を推進し、自主防衛に転換していく必要があると思います。

いまこそ防衛産業の復活を

防衛問題研究家 桜林美佐

競争入札制度を改めよ

――防衛産業から撤退する企業が増えています。日本の防衛産業は大丈夫なのでしょうか。

桜林　例えば、コマツは2019年3月に、陸上自衛隊車両の新規開発事業から撤退すると発表しました。コマツは自衛隊の車両だけでなく、りゅう弾や戦車砲弾を製造する弾薬メーカーであり、車両製造も併せて名だたる「防衛産業」の一つでした。コマツの撤退の背景には、開発コストに見合うだけの利益を得られない構造が背景にあります。

防衛装備品の製造には専門性が必要なので、従来随意契約が用いられていました。ところが、贈収賄事件などへの反省から、2006年に防衛調達における競争入札制度が導入されたのです。しかし、この競争入札には様々な弊害があるのです。

自衛隊から何らかの開発ニーズがあり、防衛省と民間技術者が共同で研究を始めたとします。その研究成果が実り、ようやく装備として導入されることになった時に、突然「競争入札ですから」ということになり、別の会社が受注するということが起きているのです。

このような状況では、民間企業が先行投資することは困難であり、その結果、高品質な装備品製造を阻害しているのです。

過去の不正事案に縛られ続け、「随意契約＝悪」といったイメージが定着してしまったことは国にとっては大きな痛手です。確かに、民生品に近いものは競争入札が相応しいケースもあります。しかし、特殊技術が求められるものは、随意契約にすることで、むしろ質の向上につながるものもあるのです。多くの防衛装備は後者に当てはまるのではないでしょうか。

海上自衛隊の装備品においても、同様の現象が起きています。海上自衛隊艦艇の建造は防衛庁長官の指示によって、受注を希望する造船所の能力や価格など様々な条件を精査して決定する方式がとられてきました。これは「長官指示」と呼ばれています。ところが、調達改革によって、１９９９年にこの制度が廃止され、競争入札制度に変わったのです。

この時の防衛調達制度調査検討会の議事録には、「長官指示」を廃止することによる艦艇建造基盤弱体化への懸念や、競争による価格低下から品質確保が困難になる可能性などを指摘する声が出ていました。しかし、「競争原理を導入することが原則」という流れには抗えなかったのです。

実際に、競争入札制度が始まったことにより、艦艇建造基盤の崩壊が進みました。艦艇建造技術は商船とは比較にならないほど繊細な技術力が要求されます。例えば、鋼板の厚さは商船の半分以下の「数ミリ単位」。それを曲げる角度も1センチ単位で修正が要求されるのです。さらに、鋼板は気温によって数センチのゆがみが出るため、そうした気象条件も考慮して作業しなければなりません。

例えば、三菱重工がイージス艦の分野で確固たる地位を確保していたのは、自主的に事前研究や準備をしていたからです。ところが、２０２０年に就航した新型イージス艦「まや」を受注したのは、三菱重工ではなくジャパンマリンユナイテッド（ＪＭＵ）でした。競争入札は、時間と費用を費やして技術力を蓄積してきた企業の努力を一蹴するような、一発勝負をもたらしたということです。三菱重工のプライドは大きく傷つけられたはずです。こうしたことから、ＪＭＵはイージス艦を知り尽くしている三菱重工の協力は得られなかったのです。このようなひずみをもたらす競争入札制度を見直す必要があると思います。

防衛産業はまた、自腹を切るような負担を強いられています。そうした点を点検し、改善していく必要があります。

防衛産業は、商品が大量に売れれば価格が下がるといったマーケットの仕組みの外にあり、お客様は防衛省・自衛隊に限定されています。したがって、防衛省・自衛隊だけで利益が確保できる構造にしていく必要があると思います。

――防衛装備を生産している企業は、それが利益につながるとなれば、もっとそこに重点的に投資するようになるのでしょうか。

桜林　大手企業についていえば、株主重視の経営が定着していますので、トップの意志だけでは決められない部分もあります。兵器生産は社会的なイメージが良くないということで、それに反対する株主も少なくありません。かつては左翼の人たちが防衛産業に対する攻撃を繰り返していました。現在もなお、「兵器生産であまり突出したくはない」というのが、企業の本音だろうと思います。

現場のニーズとは別次元の基盤維持政策が必要

――アメリカ製の高額兵器購入が国内防衛産業衰退の一因のようにも見えます。

桜林　限られた防衛費の中でアメリカ製の兵器の購入を拡大すれば、国内の防衛産業を圧迫することになるのは当然です。ただ、なぜアメリカ製の兵器を購入するかと言えば、それが必要とされているからです。国内ですぐに生産できない装備はアメリカから購入しなければなりません。ところが、新たに必要となった兵器を購入するための予算を拡大しなかったために、国内の防衛産業が追い詰められているということです。

北朝鮮が日本の上空を通過するような形でミサイルを発射するという事案が頻繁に発生するようになって以来、ミサイル防衛の強化が急務になりました。本来であれば、ミサイル防衛の強化に必要な防衛費を新たに用意する必要があったのです。それをすることなく、従来の防衛予算の中でミサイル防衛に必要な装備を調達しようとしたところから、破綻が始まったのだと思います。

――政府は防衛費を倍増する方針を示しています。これは国内の防衛産業の復活につながるでしょうか。

桜林　つながってほしいと思いますが、もともと自衛隊は、防衛費の不足によって無理を強いられてきました。増えた部分はまず、これまでおざなりにされてきた部分の手当てに回ってしまうでしょう。防衛産業が潤うところまで予算が回るかどうかはわかりません。

防衛予算の拡大は重要ですが、闇雲に増やせばいいということではありません。予算をどのように使うかが明確になっていなければ、予算を増やしても効果は上がりません。

——自衛隊が防衛産業に無関心であることも問題です。

桜林　昔から軍においては、兵站は軽視されがちでしたが、軍の現場の人たちが軍事産業に興味を持たないのは日本に限った現象ではないのかもしれません。

それにしても、日本の場合には、興味を持たない度合いが強いように感じます。その背景には、防衛産業と癒着しているといった風評を避けようとする気持ちがあるのです。それは極めて不健全な状況だと思います。

また、現場の人たちにとっては、防衛装備が国産であるか輸入品であるかはあまり関係ないことです。国内の防衛産業の基盤を維持するための政策を優先しようとすると、現場が望まない装備を使用しなければならないこともあり得るわけです。つまり、基盤を維持するための政策と現場のニーズが必ずしも一致していないのです。かといって、「アメリカ製がいい」といった現場の声だけに応えているだけでは、輸入によって装備調達すればいいということになりかねません。そこで、現場のニーズとは別の次元で国内の防衛産業の基盤を維持するための政策は推進する必要があると思います。

「有償軍事援助（FMS）」の問題点

——アメリカからの「有償軍事援助（FMS）」による武器購入が年々増加しています。FMSにはどのような問題点があるのですか。

桜林　ここ数年でFMSでの装備品購入は急増しました。特に2015年度は新型イージス艦搭載システム、F35、MV22（オスプレイ）等の購入で、前年の1873億円から4719億円に一気に膨れ上がり、その後は4000億〜7000億円超で推移しています。

FMSには、最新の装備が短期間で調達できるといったメリットもありますが、様々な問題点があります。①価格は見積もりであること、②原則的に前払いであること、③納期はあくまで予定であること、④米政府側の方針変更があればいつでも米国が契約解除できること、などの条件下で取引をしなければならないのです。

見積り価格より請求額が何倍にも膨れ上がることも、めずらしいことではありません。アメリカは、日本のように綿密な計算をして「予定価格」を決めておらず、いわば「ドンブリ勘定」をしているからです。また、アメリカでは、数年でバージョンを更新することがよくあるため、購入時と同じ条件が続くと考える方がむしろおかしいということにもなります。

また、装備が故障し修理に出す際にも、様々な問題が発生しています。輸送だけでも数カ月かかる場合もあり、納期遅延は覚悟しなければなりません。修理に出したら最後、「2年前に送ったきり戻って来ません」などという話もザラにあるようです。また、そもそも納入が6年以上も遅れた誘導弾があったり、戦闘機の通信機器が9年以上納入されなかったケースもあるといいます。

自衛隊のニーズではなく、政治的な判断で購入が決まってしまう「政治案件」も問題です。航空自衛隊が導入した大型無人偵察機グローバルホークも、「政治案件」の一つなのかもしれません。グローバルホーク導入の目的は、北朝鮮や島嶼部の警戒監視のためとされていますが、運用の当事者である航空自衛隊関係者の間では「導入の必要はないのでは？」という声が少なからずありました。また、グローバルホークは陸上監視向けで、洋上には適さないと言われています。

しかも、米空軍は2021年7月に、日本が購入する予定の「ブロック30」の全機を退役させる方針を示したのです。空軍がこれを退役させれば、同型を保有するのは日本と韓国だけになってしまいます。製造国が作らなくなれば、部品が手に入り難くなり、価格も高騰します。運用上も不便な状況に陥る可能性が高いのです。

米国に日本の技術力発展を警戒している余裕はない

―― 日本の防衛産業の技術力は潜在的には高いのでしょうか。

桜林　ポテンシャルは非常に高いと考えられます。日本人には物作りに対する誠実さがあり、それが日本製品に対する国際的な信頼を支えていると思います。

わが国の戦闘機について語られる際に、よく「日本はエンジン技術が弱いから米国などに勝てない」などと言われることがありますが、これはいわば「都市伝説」です。ジェットエンジンは戦略的工業製品として、世界各国の軍や民間に輸出されている重要アイテムですが、わが国においては、これをＩＨＩ（かつての石川島播磨重工業）が主に担い、日本のジェットエンジン売上高の７割近くを占めています。

——日本には核武装するだけの技術力はあるのでしょうか。

桜林　もちろん日本にその潜在的能力はありますが、核武装する際には、核兵器を運搬する手段、相手を偵察する手段などを確保し、それを運用しなければなりません。それらをすべて満たすことは、現時点では不可能だと思います。

——アメリカは日本が独自に戦闘機を開発することを警戒しているという見方もあります。

桜林　Ｆ2については、確かにアメリカの圧力で共同開発になりました。日本の防衛技術の発展に対するアメリカの警戒感がないといえば嘘になると思います。ただ、アメリカも一枚岩ではなく、日本を警戒している人ばかりではありません。現在、アメリカは対中戦略において日本の協力を必要としているからです。少なくとも米軍の現場では、日本の防衛技術の発展を警戒している余裕などありません。

例えば、地対艦誘導弾システム「12式地対艦誘導弾」は三菱重工が独自に開発したものです。こうした装備はアメリカも持っていませんので、日本が開発してくれて有難いとアメリカは思っているでしょう。

また、現在戦闘機を一国だけで生産している国はほとんどありません。特に戦闘機の分野は、ステルス化、無人化など日進月歩で技術革新が進んでいます。だからこそ、各国が長所を出し合って共同で開発する流れになっているのです。共同開発するといっても、日本に技術力がなければお呼びもかかりません。まずは、日本が共同開発の「お座敷」に呼ばれるように、独自の技術力の向上に取り組むことが先決だと思います。

戦後の平和維持体制は完全に崩壊した

元日本郵便副会長　稲村公望

戦勝国体制としての国際連合

―― 日本を取り巻く安全保障環境が厳しくなりつつあります。

稲村　現在、国際政治の大地殻変動が起こっており、戦後の平和維持体制が完全に崩壊したと認識する必要があります。

戦後秩序の構築は、アメリカのルーズベルト大統領とイギリスのチャーチル首相が主導しました。すでに1943年11月22日から27日まで、エジプトのカイロでルーズベルト、チャーチル、蔣介石が会談し、対日戦争の戦後処理などについて協議、さらにヨーロッパ戦線などの問題を議論するために、翌28日にはイランの首都テヘラン、なんとソ連大使館に場所を移して、ルーズベルト、チャーチル、スターリンによる三者会談が開かれたのです。この三者が1945年2月4日からクリミア半島の保養地ヤルタで会談し、戦後処理の基本方針を決めたのです。ここで、秘密協定としてソ連の千島・樺太領有を認めることを条件に、ソ連の対日参戦が決まりました。国際連合の設置、安全保障理事会での拒否権も、ヤルタ会談で固まったのです。

つまり、国際連合＝連合国は戦勝国体制にほかなりません。現在も国際連合は、中国語では「聯合國」です。安全保障理事会常任理事国である米英仏露中の5カ国は、パーマネント・ファイブ（P5）と呼ばれています。また、国連公用語になっているのは、中国語、英語、フランス語、ロシア語、スペイン語、アラビア語の6カ国語だけで、日本語を国連公用語に加えようという議論さえ起こりません。

五大国以外の指導者たちは、拒否権を持つP5の特権をなくすべきだと主張してきました。例えば、今年9月の国連総会でも、トルコのエルドアン大統領が、常任理事国5カ国に特権が認められている現状に対して、「世界は5カ国で収まらない」と不満を示し、「より公平な世界をつくることは可能だ」と訴えました。

戦後77年経った現在も、国連は戦勝国体制を引きずっています。国連憲章には、連合国の敵国であった国（日本、ドイツ、イタリアなど）が、戦争の結果確定した事項に反したり、侵略政策を再現する行動等を起こした場合、安保理の許可がなくても、国連加盟国や地域安全保障機構は当該国に軍事制裁を科すことができる、とする「旧敵国条項」が残されているのです。ようやく1995年の国連総会で、旧敵国条項の改正削除が採択されましたが、憲章改正には常任理事会を含む加盟国の3の2以上の批准が必要とされており、未だに改正のめどは立っていません。

こうした中で、中国は尖閣諸島をめぐる問題についても、国連の場で「第二次大戦の敗戦国が戦勝国中国の領土を占領するなどもってのほかだ」などと日本を非難しています。

一方、国連人権委員会の決議に基づいて提出された「女性に対する暴力とその原因及び結果に関する報告書」（クマラスワミ報告）が、慰安婦を「軍事的性奴隷」と規定するなど、国連は反日勢力の遊び場の様相を呈しています。

国連に代わる国際組織設立に動け

――バイデン大統領は、5月に行われた岸田首相との首脳会談で、安保理改革が実現した場合、日本が常任理事国に入ることを支持すると表明しました。

稲村　常任理事国の変更は、常任理事国のロシアや中国が反対すれば実現しません。それをわかった上で、バイデン大統領はリップサービスをしているに過ぎません。アメリカの本音は、加盟国分担金を日本に負担させることなのでしょう。

我々は、国際連盟の時代に日本が常任理事国だったことを想起する必要もあります。主権回復後の

1956年に国連加盟を果たして以来、わが国は国連外交を政策の重要な柱に位置づけ、イギリス、フランス、ロシアよりも多い加盟国分担金を払ってきました。それに相応しい地位を求めるのは当然です。日本政府は宮澤喜一政権時代の1990年代初頭から常任理事国入りへの希望を表明してきましたが、実はアメリカ議会には反対論が根強くあります。日本が憲法で集団的自衛権の行使を禁じられている状態のままでは、国連安保理の任務は果たせないというのが反対理由です。

すでに、国連の平和維持機能は失われています。ロシアのウクライナ侵攻は、その機能不全を改めて浮き彫りにしています。戦争開始当初からロシア軍の即時撤退を求める決議案が出されましたが、ロシアの拒否権行使によって否決されました。

国連の機能不全がはっきりした以上、日本の国連分担金を大幅に縮小し、むしろ国連に代わる新たな国際組織の枠組みについて検討を開始するときだと思います。

国際拝金主義勢力と戦うトランプ氏

―― 戦後国際秩序の崩壊は、グローバリストの衰退と連動しているのでしょうか。

稲村 トランプ前大統領は、長らく続いてきた対中関与政策に終止符を打ちました。一九七九年の米中国交正常化以来、米中の経済的な相互依存が高まる中で、アメリカでは「中国が経済発展をすれば、やがて民主化に向かう」という期待が高まりました。こうした中で、世界覇権を米中で二分割しようという「G2」構想さえ語られるようになっていました。ピーターソン国際経済研究所所長を務めたフレッド・バーグステン、世界銀行総裁を務めたロバート・ゼーリック、ゴールドマン・サックス出身のヘンリー・ポールソンといった人物がG2の旗を振ってきました。ところが、トランプ政権の誕生によって、対中関与政策は転換され、米中冷戦時代が幕を開けたのです。このトランプ政権の対中政策をバイデン政権も表面的には踏襲しています。

一方、米中協調路線を葬ったトランプ氏は、「国際拝金主義勢力」と一線を画し、行き過ぎたグローバリズムに歯止めをかけるべきだという考え方を持っています。これが、国際拝金主義勢力の影響下にあるアメリカの主流メディアが、トランプ氏を敵視する理由なのでしょう。しかし、トランプ氏は依然として一定の支持を維持しています。

米共和党内のトランプ氏の影響力も揺らいでいません。8月の同党予備選では、「反トランプ」の急先鋒であるリズ・チェイニー氏が敗北しました。11月の中間選挙に出馬する共和党候補569人中、過半数の291人がトランプ氏に同調しており、このうち174人は選挙戦を優位に進めているとも報じられています。私は、2024年の大統領選挙で、トランプ氏あるいはトランプ派の候補が勝利すると考えています。圧勝する可能性すらあります。

戦後秩序の中でその力を維持してきた国際拝金主義勢力の弱体化が進んでいるということです。5月に開催されたダボス会議には、バイデン大統領も習近平国家主席も参加しませんでした。ダボス会議の日本人唯一のボードメンバーである竹中平蔵氏がパソナやオリックスの要職を退いたことも、国際拝金主義勢力の退潮と無関係ではないでしょう。

プーチン大統領は真の民族主義者なのか

――ウクライナ戦争の行方は国際秩序の変動にどのような影響を与えるのでしょうか。

稲村　ウクライナ新興財閥（オリガルヒ）のイーホル・コロモイスキーらとの関係に示されるように、ゼレンスキー大統領の背後には国際拝金主義勢力の影が見え隠れしています。

一方、プーチン大統領の評価は定まっていません。彼は、ダボスのヤング・グローバル・リーダーズに選ばれるなど、グローバリストとの深い関係が窺われる一方で、スターリン時代のKGBのドレスデン駐在要員であっただけに、スターリンのソ連全体主義への忠誠を引きずっているのかという疑問も残ります。ただ、一方では、ロシアをソ連時代よりも貧しい国に貶めた国際拝金勢力に挑む本物の民族主義者に変身した可能性もあります。

例えば、プーチン大統領は9月30日に大クレムリン宮殿内の聖ゲオルギーの間で演説し、国際拝金主義勢力が主導するグローバリズムを徹底的に糾弾しています。彼は、過去に欧米諸国が行った植民地政策、ソ連崩壊後にアメリカが行ったロシアの財産の簒奪など、グローバリストたちが自由と民主主義の名の下に行ってきた非道を告発しています。

実は、ロシアとウクライナの紛争は、２０１４年から始まっていますから、「誰もが失った戦争」とも定義され、世界中の国がこの紛争に巻き込まれて、犠牲になっています。この紛争で利益を得たのは、軍需産業と中国だけだとの皮肉な見方が有力です。ヘンリー・キッシンジャーは、すでにクリミアとウクライナ東部の二州をロシアに渡すべきだとの主張を明らかにして、むしろ中国の拡張を抑止すべきだと、ダボス会議で発言して、大きな反響を呼びました。

日本がバイデン政権に巣くうネオコンと国際拝金主義勢力に追随せずに、ウクライナ戦線での一刻も早い停戦を、ロシアとウクライナ双方に要求することが、日本の国益のみならず、世界の安定に寄与することは間違いありません。プーチン大統領も、安倍元総理と27回の面談を重ねて、日本こそが極東で最も信頼できる平和愛好の文明国であることを知っているはずです。千島列島を日本に帰すと発言すれば、氷漬けになった平和条約は、一瞬にして溶けるはずです。

藤本隆之さんを偲ぶ

本誌顧問の藤本隆之さん（展転社前社長）が令和四年九月十六日に永眠されました。謹んで哀悼の意を表します。

本誌の同人誌時代から、藤本さんには常に温かい叱咤激励をいただいておりました。そうした経緯から、広く一般販売を開始するようになった際に、顧問にご就任いただきました。

編集者としての長い経験によって培った企画力や幅広い「愛国者人脈」を駆使して、本誌の発展にご尽力いただきました。その人脈は、間違いなく酒を飲み交わすことによって築かれたものでした。

「お主らも頑張れよ」「急ぐべからず、慌てるべからず」と励ましの言葉を常にかけていただき、「○○先生と○○先生の対談載せたらどうよ」などと、いつも具体的な提案をしてくださいました。ネット販売だけだった本誌を一般書店に並べるべく、奮闘してくださったのも藤本さんでした。心より感謝申し上げます。

本誌が令和四年七月二十二日に敢行した外務省前抗議街宣（日米地位協定改定要請）にも参加され、街宣車に上って堂々たる主張を訴えました。

オンラインで開催している『維新と興亜』塾「橘孝三郎を読み解く」（講師：小野耕資）や維新と興亜懇談会には欠かさず参加され、議論を盛り上げてくださいました。特に橘孝三郎の思想には思い入れがあり、橘存命中の昭和四十八年八月、楯の会第一期の阿部勉氏が橘門下の棚井勝一氏の協力を得て創刊した『土とま心』の継承は、予てからの宿題だったようです。藤本さんが亡くなったのは、同誌を読みたいという青年のために、自宅の書棚をひっくり返し、全号（一～七号）を探し出していただいている最中のことでした。

※

藤本さんは、編集者として歴史に残る数多くの出版物を手掛けただけではなく、展転社から出版した『南京虐殺への大疑問』をめぐる長期にわたる裁判を戦い抜いて勝訴し、日本の言論の自由を守りました。この裁判については、「中国による取立て訴訟　言論封殺を許すな！」「対支那思想戦に勝利せん」「『南京取り立て訴訟』と闘う」「展転社『南京裁判』のゆくへ」などの原稿が残されています。

一方、「獅頭山勧化堂に祀られた広枝警部」「富安宮に義愛公として祀られた森川清治郎巡査」「国体擁護と内治外交の作振～日本社会の近代化と内田良平」「右翼アヴァンギャルドを目指せ」「追悼・神屋二郎先生」「皇居内堀への汚水タレ流し事件」「村上一郎・『草莽論』を手掛かりに」などの文章を執筆しました。

藤本さんの思想と行動の軌跡を記録にとどめるため、現在遺稿集の編纂が進められています。本誌もそ

最後の街宣（亡くなる２カ月前）

のお手伝いをさせていただければ幸いです。

藤本さんは豪放磊落な性格で知られる反面、「苦悩教の教祖」と呼ばれた文学者高橋和巳をこよなく愛し、三上卓の「野火赤く人渾身の悩みあり」をよく口にされていました。最晩年には、詠んだ歌をラインで送ってくださいました。

食道ガン、肝硬変という二重の病魔と闘いながら、常に明るく前向きに、全力で人生を全うされました。十月二十二日に還暦を迎えるということで、有志でお祝いの会を計画していました。それが、お別れの会になってしまうとは……。「酒をもう少し控えていれば」、と悔やむ気持ちもありますが、「僕は僕ですから」が口癖の藤本さんは、最後まで自分らしい生き方を貫かれたように感じます。酒は全力で走るためのガソリンだったのですね。

藤本さん、ありがとうございました。どうぞ安らかにお眠りください。いずれ、そちらで一献やりましょう。それまで本誌を見守っていてください。

歌の會「階（きざはし）」にて藤本隆之命（雅号・もら）が生前詠みし歌（稲貴夫氏提供）

一四一回（令和四年五月二十一日）　兼題「笑」「蛙」
カラフルな軍服勲章身にまとふ
　戦勝記念に笑顔なくとも

一四二回（同年七月二十四日）　兼題「夢」「雨」
居酒屋の暖簾くぐりてカウンター
　歳月越えしその女を見る
夕立の過ぐれば涼風かぐはしも
　立て膝にして西瓜喰みゐつ

一四三回（同年八月二十七日）　兼題「嘘」「真」
蜃気楼永遠のうそをついてくれ
　思ふ貴女は何処に行けり
酒呑みの口にしたるはいつもいふ
　呑みてゐるにも呑みてあらずと

一四四回（同年九月十一日）　兼題「酒」「病ひ」
病院に二度も入りて酒断ちの
　ひとたび出づれば元の木阿弥
病（いたつき）もいろいろありき気方（きのかた）の
　難しけるを間近にみたり

昭和37年10月22日、東京都世田谷区生まれ。國學院大學法学部卒。昭和63年、展転社入社。平成16年6月、展転社代表取締役に就任。平成31年3月、同社代表取締役退任、同社退職。共著に『台湾と日本・交流秘話』『国士内田良平』（展転社刊）がある。

「『南京裁判』展転社を支援する会」報告決起集会（平成24年11月14日）

「展転社創立35年を祝ふ集ひ」で挨拶する藤本さん（平成30年3月19日）

新連載

誠の人　前原一誠①
東京で栄達した人間につぶされた萩の変

本誌副編集長　小野耕資

「誠実人に過ぐ」人、前原一誠

佐世八十郎（させやそろう）について書く。

八十郎は萩で長州藩士の子として生まれた。れっきとした源氏の家で、毛利家の直臣の家柄である。ただしもはや八十郎が産まれたころには、直臣とは名ばかりで微禄と化しており、父彦七が地方官をしてかろうじて食いつないでいた。それでも家格に対する誇りは高く、峻厳たる家風の元育った。

彦七は「子女を教育するに極めて厳格なる」人物であった。そんな彦七から生まれた八十郎は、師である松陰から「八十郎は勇あり、智あり。誠実人に過ぐ。いわゆる布帛粟米。適用せざるなし。その才や實甫（久坂玄瑞）に及ばず。その識や暢夫（高杉晋作）に及ばず。しかしてその人物の完全なること、二子また八十に及ばざること遠し」と評されたという。

八十郎はこのことを誇りに思ったか、「一誠」という「誠」を一心不乱に求める号を用いた。

そう、佐世八十郎とは、松下村塾で松陰の弟子となるも、明治維新後萩の変を起こして刑死する、前原一誠のことである。

前原一誠はなぜ萩の変を起さなければならなかったのか。そこに明治維新以降の政治の本質が透けて見える気がしたのである。教科書的には萩の変は明治初年に起った士族反乱のひとつとして数えられる。たしかに士族を軽んじたことによる反発はあっただろうが、それは事の本質ではない気がする。萩の変には松陰の師玉木文之進の養子正誼、松陰の後の吉田家後継者吉田小太郎（兄杉民治の子）、杉家跡取りである杉相次郎がいずれも前原側に与した。いわば松下村塾の精神は前原側にあったのである。それを長州人でありながら東京で栄達した連中が「乱」であるかのように仕立て上げ潰した。それが萩の変の本質ではないだろうか。萩は山口県の日本海側で、空港も新幹線も近くを通っておらず、現在もアクセスがいい場所とは言えない。あれほど総理大臣を出した地であるにもかかわらず、なぜこれほどまでに等閑に付されているのか？　それこそが「東京で栄達した長州人」が忘れた長州精神を象徴しているのではないだろうか。そう考えてみると歴代の長州に縁がある総理大臣は萩の変を弾圧した側ばかりなのだ。伊藤博文や山縣有朋はもちろん、桂太郎や寺内正毅は直接関与していないが山縣閥である。そして何より岸信介、佐藤栄作、安倍晋三は前原一誠を最後に逮捕した島根県令佐藤信寛の子孫である。歴代長州出身の総理大臣で前原側だった人物は当時少年ながら蹶起に参加した田中義一くらいのものである。それほど萩の変は長州に重くのしかかっているのだ。前原一誠も萩の変が成功しないことは知っていたに違いない。しかしそれでも通そうとした「誠」とは何だったのか。それを考えるのが本稿の目的である。

足が悪く陰気な青年、松下村塾に学ぶ

先ほど父彦七は地方官をして食いつないでいたと書いた。八十郎がまだ小さいときに彦七は郡吏となり、地方に移住する。そこでは小禄（四十七石）である佐世家は農民に交じって生活していた。一誠は民の生活を気にかけることを政治の本分としていたが、それは思想信条に因るだけでなく、こうした幼少期の経験が影響を与えているのかもしれない。八十郎は天保五年（1834年）生まれ。大坂で打ちこわしがあるなど不穏な情勢であった。天保七年には大飢饉が起こり、八年には大塩平八郎の変、生田万の変が起きている。十三歳の時に萩に遊学する。このときは松陰に会ったわけではない。十七歳の時に一時的に帰郷することになるが、その際に落馬して瀕死の重傷を負った。このことにより彼は足を痛め、その足の痛みは一生つきまとうものであった。それ以上に深刻であったのが、武士にも拘わらず落馬して負傷するという不名誉を被ったことである。八十郎は寡黙で陰気な青年として育っ

前原一誠

た。

「死んでしまおうか」

八十郎青年の心は蝕まれていた。しかし父母への孝行の気持ちから、死ぬことは出来なかった。

「斃れずして今日に至ると雖も、足疾常に痛み、旨痛時に発す。父母の心を労さしむ、其罪これより大なるはなし。而して身また一日の安きを覚えず」。

八十郎は自分の生きる意味を見だせずにいた。

十九歳の頃、松陰は東北旅行の為脱藩。その後ペリーの黒船に同乗しようとした咎でも捕まっていたが、野山獄で同じ四人に講義。その後安政四年(1857年)に杉家に禁錮処分となり、講義を開始した。これが松陰による松下村塾である。藩もきっての秀才と言われた松陰の学才を惜しみ、講義するに任せたのである。八十郎もそのとき松下村塾に通っている。

八十郎は松下村塾門下生の中では圧倒的に年齢が高い。門下筆頭格である久坂玄瑞や高杉晋作は五歳以上若く、その他の同人も似たような年齢である。その中で一人年長の八十郎は異質な存在であった。

そして八十郎が他の同人と異質だったことは、公務の合間に志願して松下村塾に通ったことだ。

「家君、一日余に謂ひて曰く、汝幸に出てあり、宜しく学を松陰吉田先生に従ふべしと。余が心先生に従はんと欲するは、平生の志なり。故に決然として起ち、欣々然、手足の舞踏するを覚えず。草卒に往きて先生に従へり」

そのような決意で入塾したのである。ところが先ほども述べた通り、貧しき中を公務と公務の合間を縫って参加した入塾である。長くはいられなかった。八十郎は一月ほどで辞去しなければならなかった。「十日」と書いている資料もある。厳密に十日間しかいなかったのかは定かではないが、それほど短い時間であったことは確かだろう。にもかかわらず松陰は、「佐世君が郷に帰るを送る」という漢詩を送っている。「十日君と読み　今日の帰るを送る　君の武はもと赳々たりまた国威を助くるに足る」から始まる堂々たる詩である。

このわずか十日余りの寄宿が、八十郎を「一誠」と号するまでの深い感動を与えたのである。

ところで八十郎青年は貧乏しながら父の跡を継いで小吏として食いつないでいた人間である。学問はそれほどできなかったらしい。同門からは「佐世八十郎は村塾にても余り多くは読書せず」と言われている。久坂玄瑞や高杉晋作のようなあふれる才気はなかったに違いない。読書と親孝行だけを喜びとした陰気な八十郎青年は、他者にわかるような華のある人物ではなかったようである。

松陰は松下村塾に於て、弟子一人一人に課題図書を授けていた。内容に対する講義もさることながら、感想も交えた議論が松下村塾の講義スタイルであった。八十郎に松陰が与えた課題図書が、頼山陽の『日本政記』である。

頼山陽は崎門学の影響がある広島竹原で育った唐崎常陸介（士愛）と父春水が盟友関係にあったように、崎門派の影響がある朱子学者である。その議論は、漢詩人としては朗々たる尊皇心を歌い上げるところに特徴があったが、冷静な議論においてはいかにも儒学的な見解を述べる人物であった。有名な『日本外史』はその中間にあたる。八十郎が与えられた『日本政記』は最晩年の書で、神武天皇から後陽成天皇までの歴史を記したもので、どちらかと言えば儒学的な公式論に近い。『日本楽府』のような激しい漢詩集ではなく、落ち着いた政論を授けたのにも、松陰の何らかの意図があったものと思われる。その意図は明快ではないが、その後の一誠の政治を見ると、まさに『日本政記』を旨としていたようにも思われる。

『日本政記』は歴史的記事の他に山陽の史論を記す論文から成り立っている。論文の内容は簡単に要約すれば、①君主は人民のために存在する。君主は民を天からの預かりものと思わなければならない②君主は祖先の神霊にこたえて人民を安んじなければならない③租税や課役は軽くして、人民を慰撫する愛民の精神が重要である　ということになるだろう。こうした儒教的愛民精神は後に一誠の政治論の中心となっていくのである。

松陰の死

安政五年（1858年）、松陰は幕府が無勅許で日米修好通商条約を締結したことを知って激怒し、再投獄される。老中間部詮勝を襲撃する計画も立てた。松陰は獄中から弟子に蹶起に向けて指示を飛ばす。ところが久坂玄瑞や高杉晋作ら松下村塾の弟子たちは、松陰の計画は無謀であると、否定的見解を示した。

「僕は忠義をする積り、諸友（久坂、高杉）は功業をなす積り」

松陰の有名な一節はこのとき示されたのである。松陰の計画に同調したのは、野村靖、入江九一兄弟のみであったとされる。実は八十郎も当初は師の計画に賛意を示していた。しかし藩から父彦七に圧力が加わったこと、長崎に留学し西洋式兵術を学ぶよう藩から命令があったことで八十郎の心は揺れる。長崎留学の件は明白な懐柔である。八十郎の心は揺れたが、次第に父母への孝を選び長崎へ遊学する方へ気持ちが傾いていく。そのことに松陰は激怒し、絶交を言い渡す。八十郎はそのことをメソメソと気に病んで、長崎での教練も身が入らず、しまいには「足が痛い」などといって教練をサボるようになる。八十郎は三か月後萩に返された。八十郎は松陰に謝罪の手紙を書く。松陰は八十郎への勘気を解いたようだが、その直後安政六年（1859年）に安政の大獄によって江戸で刑死することになるのである。享年三十。

国家を消滅させるデジタル経済化

伝統文化研究家　原　嘉陽

昭和から平成時代において経済成長政策で日本に何が起き、そして今アメリカや世界で何が起きつつあるか、冷静な分析を要する。

日本の経済成長・国際化政策の結末

戦後、特に近年の政府・自民党の政策は、とにかく経済成長、国際化の一本槍だった。それはアメリカの強要にもよったのだが、日本もそれが宝の玉手箱の様に思えたのだ。それは世界中から資源や食糧を際限なく輸入し、主に大量生産的工業製品を輸出して、マネー（お金）をもうける、というものだ。初期の成長は、国土環境汚染や水俣病などの公害をもたらしつつも「所得倍増」を実現したが、平成二年、バブル崩壊

日本は狂気の経済グローバル化＝経済主権放棄政策を推進

令和元年十二月十日の産経新聞によれば、日本政府はＡＩ（人工知能）や５Ｇ（次世代通信規格）の導入を進め、経済成長を目指す「デジタル・ニューディール」政策の推進を強調した。たとえば小中学校のすべての生徒がパソコンやタブレット型端末を使える環境を整えたり、高速大容量の有線・無線の校内情報通信網の整備を進めたりするとのことだ。

経済のデジタル化とは、今の日本の場合は、資本や金融の自由化に加え、インターネットによるＥＣ（電子商取引）の加速などにより、特にアメリカとの経済一体化を進めることに他ならない。だが、戦後の

以後は大手金融会社の破綻さえ相次ぐ様になった。平成十二年には国策銀行的な日本長期信用銀行が、欧米の投資グループに取られてしまった。

それでも最近もアベノミクスの号令のもと、多くの日本人はまじめに働き続けたわけだが、様々な社会不安のほうが倍増している。

東芝やトヨタはアメリカにだまされた？

企業活動そのものに関しても、最近は日本の大企業が海外で巨大な損失を出す事件が続出している。これらは多く海外大企業との提携や取引の過程で発生し、結局は日本企業の「失敗」としてのみ報道されるが、実は相手にだまされた場合がある、との指摘がある。

平成二十九年頃のことだが、東芝はアメリカの原子力事業で七千億円もの損失をだし、危機におちいった。簡単に書くと、東芝はアメリカの原発建設会社、S&W社を買収した。アメリカは国全体の原子力事業での損失をS&W社に背負わせ、それを巧妙に隠して、東芝に押し付けたという。（『世界が喰いつくす日本経済』・大村大次郎著）大村氏はトヨタも事故発生問題で、「タカタ」もエアバック問題でアメリカにはめられたと、指摘している。

近代世界経済制度の、根本問題

『民間が所有する中央銀行――主権を奪われた国家アメリカの悲劇』（ユースタス・マリン著）が、平成七年に日本で翻訳出版された。一九一三年（第一次世界大戦が起きる一年前）にアメリカで連邦準備制度が成立したが、これによりアメリカ国民「以外」を中心とする国際的勢力が、アメリカの実質的中央銀行を支配するようになり、それが今でも続いていると、この本は告発している。アメリカは移民が集まった多民族国家で、その意味では元来国際的だが、国として独立している以上、通貨を発行する経済主権は自主的に保持するのが当然だ。それが失われている、というのだ。そうであれば、欧米には現在でも、アメリカ国家よりも強い権力を持つ勢力が存在するわけだ。そのような体制が続く中、世界大恐慌が起こり、第二次世界大戦が起こり、その後も経済混乱や戦争が起き続けている。今ではアメリカが世界最大の債務国で、危険な状況だし、EUや南アメリカ諸国にも危ない国が多い。

その勢力は、国連でもないし、EUでもないが、その全てに関わるものだろう。いわば国際金融勢力だろう。この本の中に、ヘンリー・フォードの言が引用されている。

「彼らの目的は、消滅不可能な債務の創造による世界支配である」

世界の国々の債務が増加するほど、支配力を強化する勢力があるわけだ。日本は今は債権国だが、巨大な財政赤字がある。また、巨大なマネーを国際経済に投入している。この本の解説文で故・山浦嘉久氏は「経済主権の簒奪と日本国の崩壊」と題し、日本の危険を警告している。すなわち国の自主独立とは、司法主権・軍事主権・経済主権（通貨発行権）の保持を意味するが、アメリカの占領後、日本はいまだに司法・軍事主権を持たず、最後の経済主権さえ、「彼ら」に狙われている、と警告している。

つまり現状では、経済成長政策でマネー経済が拡大するほど、そのリスクは増大しているのだ。

「マネー」の深層的意味

マネーとは日本語で貨幣、通貨、（お金）などと訳され、また富、財産の意味を持つ。古くは金貨などの硬貨が代表的だったが、いつしか紙幣のほうが一般的になった。普通、「国」が責任を持って発行するものだ。

田村秀男氏は次のように指摘している。「近代の大英帝国でも、金、銀の裏付けがある兌換紙幣でなければ世界に君臨できなかった。一九七一年、ニクソン米大統領がドル・金の交換停止を発表し、兌換できない紙幣で世界を主導する歴史上二番目の世界帝国になったが、ドル危機は繰り返し起きる。ドルが暴落したらどうなるか。」

本居宣長の名言

マネーは、要は、物の交換に便利で、特に都市の住民にとって不可欠になる。しかし元来はその必要がない、あるいはその必要が少ない生き方もあったわけだ。

日本の歴史から観ると、本居宣長はこう述べている。「金銀が多く流通するようになったのは慶長の頃からで、これがはなはだ便利で、流通する金銀は多いほど便利だが、損であることも多く、かえって世上が困窮に及ぶもとにもなる。」「商人でいながら物の交易をしないで金銀の上だけで取引をして世を渡る者もおびただしい数にのぼり……」「世間がぜいたくになっていくに従って、その無益のことに多くのものを費やすようになる」「はなはだ富む者の手に集まる金銀をほどよきに散じて、もっぱら貧民を救いたまうようにあらまほしきものなり」

マネー社会の本質、問題点を明快に示した、名言だろう。

「デジタル」通貨の登場と深層

しかし今日、マネーをめぐる状況は異次元的に複雑化しつつある。デジタル通貨がすでに登場してきた。それはモノではなく、いわばコンピューターやスマホの画面に出る「数字」としてのみ存在するわけだろう。スウェーデンやカンボジアが「国」として計画を進めているとのことだが、それなら本質は今の通貨と同じかもしれない。しかしフェイスブックがやれば、どうなのか。前述の、「民間が所有する中央銀行」と同じ問題になる。さらに、以前からビットコインなどの「仮想(暗号)通貨」がいつのまにか暗躍し、物議をかもした。

デジタルとは元々は「ある量またはデータを、有限ケタの数字列として表現する」だけの意味とのことだが、今ではそれを使った情報処理・伝達方式を意味し、特にコンピューター・ネットワークを使った、という意味合いが強い。特に今の日本ではデジタル化はインターネット化そのものと言えよう。つまりグローバル化であり、主に欧米との一体化だ。

こう言うと、それは当たり前だろう、と思う日本人が多いだろうが、例えばロシアや中国（チャイナ）ではそうは考えていない。令和元年十一月四日の産経新聞によれば、ロシア政府は国外からのサイバー攻撃など、脅威が起きた際に国内のインターネットを国外から切り離すことを可能にする「ネット主権法」を施行した。EUやEU諸国もデジタル課税を推進するなど、アメリカ大手IT企業の独占的世界進出への規制を強めつつある。アメリカのムニューシン財務長官さえ、自国のフェイスブックが計画するデジタル通貨について「マネーロンダリングやサイバー犯罪に流用される恐れがある」と指摘した。

これらの問題は単純には論じられないが、それぞれの国や地域には元来自立的な社会や文化、伝統があるのであり、経済的自立性・主権も自ずから形成される。それを軽視すべきではないのだ。しかし自国の通貨があっても、政府・国民がその価値を守る努力を怠り、他国の通貨や経済に頼りすぎれば、その国は危うくなる。

キャッシュレスは進歩か

同様な意味で、キャッシュレスも進展している。韓国や中国（チャイナ）では日本より普及している、と言って日本が遅れていると責めるようなマスコミの口調だが、浅はかだ。それは一面、スマホやネットがなければ生きられない、かえって片寄った不便な社会になりつつあるのだ。もっとも、現金社会では偽札など色々な問題もあり、デジタル化的キャッシュレスは社会の管理には有効だとの説もある。しかしそれには国の管理が公正で安全であることを要する。ところが今の日本には「ネット主権」はない。そしてインターネットは犯罪の温床となっている。特に国際的犯罪を、日本政府はどう取り締まれるのか。

キャッシュレスの具体的な利便性や問題点については、「週刊新潮」平成三十一年四月二十五日号の記事、『「キャッシュレス」のバスには乗らない！』がある。また、アメリカにおいては地域的には「現金決済をことわることを禁止する」法律がある。イギリスでも「現金だけ取扱い」を表示した店があるという。

危機対応には、電気に依存しない文化の保持が重要

経済成長やデジタル経済を論じるには、むしろ、いままで述べたマネーの問題に加えて、人間社会の基本的あり方、特に今日的には資源・エネルギー問題の検討が、その前提になるだろう。それは原子力発電の問題や、レアアースや石油・天然ガスなどをめぐる国際問題でもある。

短くは論じきれないが、二、三言うなら、危機対応、サバイバルを念頭に、電気に依存しすぎない生活文化の保持（復活）や、食料・健康を重視する政策が肝要だろう。インターネット化における教育や放送の問題も重大だ。

世界を牛耳る国際金融資本②

通貨発行権をめぐる攻防

祖国再生同盟代表・弁護士　木原功仁哉

「私に一国の通貨の発行権と管理権を与えよ。そうすれば、誰が法律を作ろうと、そんなことはどうでも良い」と語ったのは、ロスチャイルド財閥の礎を築いたマイヤー・アムシェル・ロスチャイルド（１７４４〜１８１２）である。

この発言は、通貨発行権が「打ち出の小槌」そのものであることを物語っている。つまり、日本の一万円札を例にすると、製造コストは1枚あたり22〜24円とされているので、日本国政府から紙幣の発行権を無償で付与されている日銀は、一万円札を1枚発行するごとに９９７０円余りの利潤を生み出す。このような「錬金術」のシステムに基づく富の増殖を、ロスチャイルドの初代の教えに従って末裔たちが忠実に実行し、ＦＲＢを設立することになる。

権力の源泉「通貨発行権」

今回は、国際金融資本の権力の源泉たる「通貨発行権」をめぐる攻防について述べていきたい。

現在の世界経済は極端な格差社会である。平成29年の時点では、世界の大富豪８人（マイクロソフト創業者ビル・ゲイツなど）の資産が世界の富の50％を占めているという経済格差が生じていた。さらに、今般のコロナ禍で在宅勤務（テレワーク）が一般的になった結果、巨大ＩＴ企業であるＧＡＦＡ（Google、Apple、Facebook、Amazon）がさらに富を増殖させ、経済格差はさらに拡大している。

そして、富豪たちのトップに君臨しているのは、ＤＳ（Deep State）とも呼ばれるロックフェラー財閥、ロスチャイルド財閥ら国際金融資本である。

すなわち、1910年、ネルソン・オルドリッチ（上院議員）、ポール・ウォーバーグ（ロスチャイルド代理人）、それにモルガン家やロックフェラー財閥の金融界の専門家などの6人により、合衆国政府が持つ通貨発行権を奪取して中央銀行を設立するための秘密会議がジキル島で開かれた。そして、ウィルソン大統領（Woodrow Wilson）が1913年に、クリスマス休暇で議員が居ないのに会議を開いて、電撃的に秘密会議の決定に基づく法案を成立させ、中央銀行への返済財源に充てるための所得税徴収法まで成立させたのである。その結果、翌年にFRBが設立され、合衆国の通貨発行権が専属することになった。これは、アメリカ合衆国連邦憲法第1章第8条第5項に定める「合衆国議会は貨幣発行権、貨幣価値決定権ならびに外国貨幣の価値決定権を有する。」に明らかに違反していたのである。

大金融権力との闘争

ここに至るまでには、アメリカが独立戦争の際に欧州の民間銀行から戦費調達を余儀なくされ、通貨発行権が事実上奪われていたという経緯があった。

すなわち、アメリカは18世紀、財政が脆弱なまま長期にわたる独立戦争を行い、その戦費等を欧州の民間銀行（ロスチャイルド家）から調達していた。そのため、独立戦争終結後の1782年には、最初の中央銀行であるバンク・オブ・ノースアメリカ（The Bank of North America）が設立されるが、恒久法にすると憲法違反となる。そこで、時限立法による中央銀行として、1791年にファーストバンク・オブ・ユナイテッドステイツ（The First Bank of United States）、1817年にセカンドバンク・オブ・ユナイテッドステイツ（The Second Bank of United States）が設立された。

ところが、ジャクソン大統領（Andrew Jackson）は、1830年代、欧州の銀行家による支配に異議を唱え、セカンドバンクの廃止に向けた政治闘争を行う。ジャクソン大統領が語った言葉“The bank is trying to kill me, but I will kill it”は、彼が政治生命を賭けて中央銀行との闘いを表明したものといえる。すると、暗殺未遂の災難に遭い、その難から辛うじて逃れたジャクソン大統領は、暫定的に中央銀行として認める時限法を更新する改正をしなかったため、セカンドバンクは1836年に消滅した。

そして、これが引き金となって南北戦争（1861～1865年）が勃発した。南軍も北軍もイギリスの銀行から戦費の調達を行った。イギリスの銀行は究極のリスクヘッジを行って、南北戦争終了後における恒久的な中央銀行の地位を狙ったのである。

ビスマルクは、1876年にアメリカの南北戦争がヨーロッパの大金融権力（ロスチャイルド家）によって誘発されたことを看破して、以下のとおり語っていた。

「アメリカを二つの連邦に分割することは、ヨーロッパの大金融権力によって、南北戦争のずっと以前に決定された。そうした銀行家はアメリカを恐れていた。アメリカ国民が結束したままであれば、当然ながら一国として経済的、金融的に独立独歩することになるだろうし、そうなれば、彼ら銀行家の世界支配が覆される、と。ロスチャイルド一族のこうした声に影響され、彼ら銀行家はアメリカを、自信に満ちて自給自足体制を貫く活力ある共和国を二つの弱小国家にして負債を負わせれば、大儲けができると考えたのだ。」（ジョン・コールマン＋太田龍「ロスチャイルドの密謀」成甲書房、平成19年、103頁）

ところが、北軍を率いたリンカーン大統領（Abraham Lincoln）は、真の敵は南軍ではなく欧州の大金融権力であることを悟り、南北戦争後の1862年に、アメリカ政府（財務省）の政府紙幣であるグリーンバックスドル（Greenbacks dollar）を発行し、欧州銀行連合体の支配からの脱却を図ろうとした。これは、中央銀行が発行するドルではなく、アメリカにおける初めての憲法通貨（法貨、Constitutioal Money）である。その結果、1865年にリンカーンは暗殺されるのである。

さらに、暗殺といえばジョン・F・ケネディ大統領の暗殺も同じである。ケネディは、アメリカに大量に眠る銀の埋蔵量に着目し、FRBの金本位制から合衆国独自の銀本位制へと移行することが可能であるとして、1963年に、銀本位制により合衆国発行の法貨（政府紙幣）を発行する大統領行政命令（executive order 11110）を発令した。ケネディこそ、FRBに奪われた合衆國の通貨発行権を取り戻すことに最も熱心で勇気のある大統領であった。そして、ケネディもまた、大統領行政命令を発令した同じ年の11月22日にダラスで暗殺されるのである。

租税徴収権と通貨発行権

国家が独立性（主権）を維持するための要素としては、租税徴収権と通貨発行権の双方が必要であり、前者は租税収入、後者は通貨発行益（シニョレッジ、seigniorage）であって、これらが揃うことによって国家財政が安定し、経済主権が確立されるのである。

つまり、国家が自らの通貨発行権により政府紙幣を発行し、その政府紙幣で税金を支払わせることによって通貨の循環がなされるべきであり、通貨発行権を簒奪したFRBが自己を正当化するための「財政と金融の分離（財金分離）原則」というペテンのような仕組みを打ち破って、財政と金融の一体性（財金一体）を維持して経済的独立（経済主権）を確立させることができる。これにより財政破綻などは起こらなくなり、物価も安定する。

ところが、通貨発行権が国家ではないFRBや日銀などによって、国家主権の一部が簒奪されていることに問題があり、帝国憲法でも占領憲法でもアメリカの憲法とは異なり租税徴収権は定めても通貨発行権についての定めはなく、本来はこれが憲法事項であるべきなのに法律事項になっていることが異常なのである。

大東亜戦争の敗戦によるGHQの軍事占領下で日本国憲法と称する占領憲法が制定されたが、その実質的な草案となったマッカーサー草案の第76条には、「租税ヲ徴シ金銭ヲ借入レ資金ヲ使用シ並ニ硬貨及通貨ヲ発行シ及其ノ価格ヲ規整スル権限ハ国会ヲ通シテ行使セラルヘシ」として、租税徴収権と通貨発行権を一体として規定していた。しかし、最終的に占領憲法では通貨発行権の条項は削除された。その詳細な経緯は不明であるが、GHQ内部に居たFRBの手先が削除させたとすることは容易に推測しうることなのである。

藤田東湖と西郷南洲⑧

人を殺す思想こそ本物だ　テロリズムの現象学

哲学者　山崎行太郎

《存在の深淵》という世界

山上徹也が、安倍元首相を銃撃・銃殺して以来、テロやテロリスト、テロリズムというような言葉が、私の脳裏を離れない。私の若い頃は、テロの時代だった。浅沼稲次郎を刺殺した山口二矢事件、ケネディ暗殺事件、永山則夫の連続射殺魔事件、連合赤軍事件、浅間山荘事件。テルアビブ・ロッド空港銃乱射事件……。テロリスト（犯人）たちは、ほぼ同世代だった。私の思想形成には、《テロやテロリスト、テロリズム》は、重要な思想的意味を持っている。たとえば、その頃、メルロ・ポンテイに『ヒューマニズムとテロル』という本があり、高橋和巳に「暗殺の哲学」という本があった。私と同世代の推理作家・笠井潔は、『テロルの現象学』という本を書いていた。しかし私は興味はあったが、いずれも読まなかった。私はヒューマニズムという思想が嫌いだったからである。これらの本には、ヒューマニズムの匂いがした。ヒューマニズムの観点からテロを批判している本だろうと私は、直感的に感じとって、読まなかったのである。

その頃、私が読んだのは、大江健三郎と小林秀雄とドストエフスキーとニーチェだった。私には、善悪を思考の基準にする善悪二元論的な思考が、どこか胡散臭いものに見えた。特に善の視点から悪を告発・糾弾する思考が嫌いだった。それらの思考は《思考停止》にしか見えなかった。私は、その先を知りたいと思った。「何故、君らは、《果て》まで行こうとしないのか」と小林秀雄は、ドストエフスキー論のなかで言っている。私は《果て》まで行こうと思った。そして、ニーチェの『善悪の彼岸』や『道徳の系譜学』というような本にめぐりあって、私の思考のモヤモヤは消えた。善悪二元論の向こう側にある《存在の深淵》という世界を、私は知った。

私が、夢中になって読んだ大江健三郎や小林秀雄、ドストエフスキーなどの小説や批評には、《テロリズムの匂い》がした。私は《テロリズムの匂い》のしないものは読まなかった。

大江健三郎に、山口二矢をモデルにした『セヴンティーン』という小説がある。その続編に『政治少年死す』がある。この『セヴンティーン』という小説は、《オナニーをしながら天皇陛下万歳……》と叫ぶシーンなどがあり、右翼の一部からの激しい批判と攻撃を受けて社会問題化し、続編の『政治少年死す』が出版禁止になり、実質的に絶版になるという事件があった。いずれにしろ、私は、この『セヴンティーン』という小説に、深い衝撃を受けると同時に、あらためて、文学や小説というものに深い感銘を受けた。やはり、文学や小説は、歴史学や政治学、経済学などのような通常学問とは異なり、《存在の深淵》に立ち向かうジャンルであり、凄いものだと思った。

雑学的教養では表現できない右翼思想

さて、私は、この連載で、藤田東湖と西郷南洲について書くつもりであったが、すっかり脇道にそれてしまった。しかし、確かに、脇道にそれているように見えるかもしれないが、私が、元々、書きたかったことは、藤田東湖や西郷南洲の《思想》ではなく、その生き方、つまり《実存》や《現存在》の方であったから、必ずしも脇道にそれてしまっているわけでもない。というわけで、今回も、敢えて、脇道にそれることにする。

藤田東湖と西郷南洲の二人は、江戸の水戸藩屋敷で、最初に面会した時、一瞬にして意気投合し、肝胆相照らす仲になったといわれているが、それは、どういうことだったのだろうか。二人は、お互いに、一目会っただけで、《何か》を感じ取ったのだろうと私は思う。その《何か》とは何だったのだろうか。それは、おそらく、《テロリストの哀しき心》(石川啄木)、つまり《テロ、テロリスト、テロリズム》とでも言うべきものだったのかもしれない。瞳の奥深くに、いわゆる《人を殺す思想》を読み取ったのかもしれない。西郷南洲は言うまでもなく、幕末の大思想家であった藤田東湖もまた、若くは想像しにくいかもしれないが、藤田東湖からい頃は、命知らずのテロリストだった。

というわけで、大江健三郎のテロリスト小説『セヴンティーン』を読んでみようと思った。『セヴンティーン』は、第一部と第二部に分れていて、第二部に当たる部分が『政治少年死す』であるが、この第二部の方は、右翼からの激しい批判、攻撃を受けて、出版不可能になった、いわくつきの小説であるが、私は、山上徹也事件からこの小説の存在を思い出した。あらためて読み返してみて、この小説の《熱狂》と《狂気》と《行動》の強烈なエネルギーを感じて、恐ろしくなったほどだった。やはり才能ある小説家の書くものは違うと思う。

沢木耕太郎というルポライターの書いた『テロルの決算』も、山口二矢をモデルにした作品らしいが、私は読んだことはない。私は、そもそも沢木耕太郎の作品にほとんど興味がない。その甘ったるい叙情的文章が、私の文学的鑑識眼に合わないからである。沢木耕太郎の文章には《熱狂》と《狂気》と《行動》のエネルギーがないのだ。話は変わるが、私が、この連載で、片山杜秀の『近代日本の右翼思想』を批判したのも、ほぼ同じ理由からだ。片山杜秀の『近代日本の右翼思想』にも右翼思想の片鱗ぐらいはあるだろうと思っていたが、「右翼思想」がないどころか、その片鱗すらなかった。ただ、右翼思想の形骸があるだけだった。そこへ行くと、大江健三郎の『セヴンティーン』は、まったく異なる。一読した三島由紀夫は、感動し、作者・大江健三郎に手紙を書いたそうだ。「右翼テロリズム」の神髄がよくわかっている、と言いたかったのだろう。大江健三郎の『政治少年死す』は、主人公が逮捕されてから獄中自殺までを描いている。『セヴンティーン』の前編では、平凡な高校生が、右翼民族運動の指導者の街頭演説のサクラに誘われて、いつのまにか、過激な右翼少年に変貌する様子が描かれている。しかし、モデルになった山口二矢のことが、事実にそって、詳細に描かれているわけではない。その点では、沢木耕太郎の『テロルの決算』の方が詳しいかもしれない。しかし、言うまでもなく、事実や資料だけでは、右翼少年や右翼思想の真髄を、あるいはその《熱狂》と《狂気》と《行動》のエネルギーを描き出すことは出来ない。

『政治少年死す』は、現在、『大江健三郎全小説

3』で読むことが出来るが、私は、鹿砦社発行の小冊子『憂国か革命か　テロリズムの季節のはじまり』（2012）で読んでいる。この小冊子には、ほぼ同時に発表され、右翼からの批判攻撃で、現在も絶版状態にある深沢七郎の『風流夢譚』も掲載されているが、私は、そちらには、あまり興味がない。小説の文体の濃密度が違う。私は、絶版状態に追い込められた小説とはいえ、同じ次元であつかう必要を感じない。

さて、大江健三郎の描く右翼思想の真髄は、その文体にあらわれている。言い換えれば、右翼思想の真髄は、文体を通してしか、表現出来ないものなのではないか。

《夏はまさにあらわれようとしていた、空に、遠くの森に。セヴンティーンのおれの肉體の内部に。夏は乾いた舗道の地面にむかってゆるめられる消火栓からの水のように盛んに湧こうとしていた》

これは、『政治少年死す』の冒頭の文章だが、ここには、右翼少年や右翼思想に関する具体的な描写はない。あくまでも象徴的に、比喩的に、右翼思想の真髄を描こうとしている。そして、さらに次のような文章が続く。

《おれは、雨あがりの朝、左翼たちの集團が包圍をといた國會議事堂前廣場を、青年行動隊の仲間たちと訪れて、罐ビールを飲んだ、勝利を祝うために。おれは勝利にわずかながら酔い、そしてもっと豊かな寂寥感を頭の中に、また胸のなか躰中の筋肉のなかに熱いむずがゆさのようにそだてた。左翼たちは石器時代の人間のように石をその武器とするために現代の工夫が固めた舗道の石を剥ぎとっていた。》

ここにも、モデルとなった山口二矢を連想させるような具体的な描写も表現力もない。しかし、右翼少年や右翼思想の核心のようなものは伝わってくる。この小説が、右翼活動家たちの怒りを買ったのは、ここに右翼少年や右翼思想が、生き生きと描かれていたからではないのか。彼らも、大江健三郎の『政治少年死す』に、三島由紀夫がそうだったように、熱い刺激を受けたはずだ。そもそも右翼思想は、あるいは思想と名のつくものは、片山杜秀の『近代日本の右翼思想』がそうだったように、雑学的教養や資料収集でかき集めた二次情報などで、容易に表現出来るものではないのだ。

保田與重郎から読み解く維新の源流 ③

王朝の風雅―詩歌と美意識

「比叡南麓裳立山の紀貫之の墓から望む琵琶湖」（筆者撮影）

歴史学者　倉橋　昇

はじめに―紀貫之の気迫

前回、後鳥羽院が王朝の風雅をこれ以上にないほどに発展させ、院が隠岐へ流された後は隠遁詩人たちがその精神を受け継いでいったことを述べた。保田與重郎はこれが近世国学の源流であると説いた。しかし、この王朝の風雅は、明治以降正しく理解されてこなかったと言える。その理由はいくつか考えられるが、賀茂真淵が使い始めた「丈夫ぶり」「手弱女ぶり」という用語も影響しているのであろう。そして、それは西洋列強に負けない新国家建設を目指した明治人の気概、つまり明治という時代が「丈夫ぶり」「男々しさ」を要請したということであろう。しかし、男々しさだけでは人間は成り立たない。このこと、つまり「人の心のまこと」を説き、古今集以降の「手弱女ぶり」の歌を高く評価したのが本居宣長であった。「丈夫ぶり」を発揮する丈夫にも当然、その心を慰むる「あはれ」が要るのである。

明治の人が王朝の「手弱女ぶり」の代表格として否定した紀貫之は、古今集の仮名序で歌の効用を次のように述べている。

和歌は人の心を種として、万の言の葉とぞなれりける。世の中にある人、事業しげきものなれば、心に思ふ事を、見るもの聞くものにつけて、言ひいだせるなり。花に鳴く鶯、水に住むかはづの声を聞けば、生きとし生けるもの、いづれか歌をよまざりける。力をも入れずして天地を動かし、目に見えぬ鬼神をもあはれと思はせ、男女のなかをもやはらげ、猛き武士の心をもなぐさむるは、歌なり。（紀貫之『古今和歌集』仮名序）

本居宣長の系譜を受け継ぐ保田は当然、紀貫之の古今集仮名序、つまりそこに高らかに宣言された貫之の決意を高く評価した。

志とか、心といふものが、最もきびしいものとして書かれたのが、貫之のこの文章だつた。その思想が、千古を貫道してゐるといふことよりも、この心構のきびしさをまづ心にとめねばならない、それが文学をよむ初心の心得である。その人の心のはげしさやきびしさは、そのまま文章に現はれる。古今序は最も強烈で、しかも美しい調子の文章である。ただ強いだけではいけないのである。ただ美しいだけではつまらない、つまりその一つ一つだけでは、つひの強さでも美しさでもない。（保田與重郎『日本の文学史』）

なぜ保田は貫之をこれほどまでに高く評価したのか。それは、貫之が、わが國の歴史の考え方から、歌の歴史を明らかにし、その上で歌の歴史観をたて、それを伝へた系譜を明らかにし、その精神を述べたからであった。（保田「紀貫之」『日本語録／日本女性語録』）

本稿では、保田がなぜ、平安朝、とりわけ古今集成立以降に確立されてゆく王朝の風雅にこだわり続けたのか、歌の道を辿りながら述べていきたい。

歌の原点「神詠」

そもそも歌の歴史観とはどういうものかと言えば、それは「神詠」という言葉に尽きる。まず神が歌を詠まれ、従って歌は神の心に通じ、天皇と民の心を繋ぐ。これが我が国の歴史の中心に貫かれるものだと保田は説く。（同）歌に於いて最も大事なことは、神が受領し給う歌を詠むことであり、それは「丈夫ぶり」に限定されるものではない。現に萬葉集にも恋の歌が多く見られる。

大夫や片恋ひせむと嘆けども醜の大夫なほ恋ひにけり（舎人親王　萬葉集巻二　一一七）

嘆きつつ大夫の恋ふれこそわが髪結の漬ぢてぬれけれ（舎人娘子　萬葉集巻二　一一八）

この萬葉人の贈答歌などは平安の王朝の風雅の原型とも見ることができる。しかし、萬葉集を編纂した大伴家持亡き後、歌の道は衰えてゆくのである。平安の初期の頃であった。衰えてしまった歌の道を、再び我が国の本道に戻さんと貫之は古今集の序文で気迫溢れる文を寄せたのである。それは歴史の精神が貫之を通じて顕現したものであり、貫之の歌を「手弱女ぶり」の一言で片付けるような者達にはその道が見えていないことになる。正岡子規以降の明治の近代人たちはこの歴史の精神をついに感得することができなかった。その影響は現代に入っても色濃く残る。四十五年前、藤平春男は『古今和歌集入門』の「はしがき」の中で、古今集の評価について次のように述べている。

歴史の与えた評価にはそれぞれ理由があるが、わたくしたち自身もそのような動向に左右されてきた明治中期以来の根強い否定的評価と、それを批判しての最近の再評価とは、結局どちらが説得力を持つであろうか。まだ判断をくだすには早すぎるが、息の根を完全にとめられたように見えていたにもかかわらず甦ってきた、古今集や紀貫之の文学的なしぶとさを疑うことはできないだろう。（中略）早くからの三島由紀夫の古今集評価も、さらに日本浪曼派の国文学者の古今集観にさかのぼりうるわけであるし、ここ十年来の古今集再評価は必ずしも突然変異ではないのである。いずれにせよ日本人の美意識のそこに潜んでいる古今集の伝統の存在は、否定してもなかなか払拭できるものではなさそうである。（藤平春男『古今和歌集入門』）

言っていることは間違っておらず、学者として客観性を装おうてはいるが、藤平の言に貫之への敬意は微塵も感じられない。近現代の国文学者は総じてこのような人たちで、歴史の精神というものを理解する気はないようだ。これは近代の文明開化、物質偏重の帰結である。唯物史観や進歩的歴史観などでは我が国の歴史を語り得ないことの証左である。神詠を語らずして、そして人の心を知らずして、我が国の歴史は語れぬのである。「和歌は人の心を種として萬の言の葉とぞなれりける」と貫之が説いた真の意味を現代人は今一度学び直すべきであろう。

実は近代以降、大伴家持の評価も紀貫之と似たような扱いを受けてきた。それは家持の家風が王朝の風雅の先駆けであったからだが、家持を過小評価する者には、家持が神話の時代から天皇に付き従ってきた武門の名門大伴氏の当主として、歴史の精神をいかに歌い上げてきたか知らぬのであろう。「海ゆかば」はそのほんの一部に過ぎないが、そこに溢れる気迫は我が国の歴史を貫いてきた縦糸の一つである。丈夫ぶりを信奉する近代人は、彼らが「下手な歌詠み」と断じた家持や貫之が、この縦糸をどのように守ってきたか全く知らないのである。

王朝の風雅つまり古今集以降の歌は技巧的だから良くないと根拠のない批判をする者もあるが、どのような芸術も時を経れば、初めは単純であったものが次第に複雑に、技巧的になっていくものだ。そのようにして出来上がった「錦」を王朝の風雅と捉えればよく、大事なことは、歴史の縦糸は途切れていないということである。逆に途切れさせないためには、美しく織り込んだ方が良いのかもしれない。平安朝の女房たちが果たした役割はまさにここにあった。男たちが漢籍や漢詩に心を取られている間、女たちはひたすら仮名文字で日記を綴り、歌を詠み続け、ついに類稀なる王朝文学を確立したのである。

保田は明確に「男子の漢詩趣味に対し、女子は和文と和歌の国粋を頑固にまもり、そのやさしい手と熱い唇が、古今に誇るべき王朝文化を基礎づけ形成したのである。」（保田『和泉式部私抄』）と説き、更にその意義について、「彼女らが根抵にもつた自然の信仰、神の秩序と道の根本となるものの確保と云ふことによる」（同）と述べている。

和泉式部の贈答歌

王朝文学といえば、物語の紫式部、随筆の清少納言、歌の和泉式部を欠かすことはできないが、とりわけ保田の和泉式部への評価は高く、平安時代の女流歌人の中では、小野小町、和泉式部、式子内親王の三人が傑出し、これ以上の歌人はその後もなかったというほどであった。『和泉式部家集』は、紫式部の『源氏物語』と並べて称されるべき大詩歌集であるさえ述べている。保田は何故ここまで和泉式部を評価するのか。

歌の役は独白でなく対話である。（中略）つまり貫之が早くから注意してゐた色好みの家の文芸とも云ふべき消息の歌文は、女の文芸だつたが、それを高度の文芸とするためには、貫之の考へ方よりもつとすなほな形で、自然のものの成長のやうなゆき方があると云ふことがわかつたのである。これが和泉式部の歌のありがたいところだつた。さういふ以前の女の文芸は、和泉

式部の相聞贈答歌で、あらまし頂上に達したわけである。（同）

保田は現代の歌が失ってしまった最も大きいものは「色とにほひ」だと指摘し、その理由の一つとして現代の歌が表現の合理的判断だけを詠み手に求めている事を挙げた。つまり、歌が相聞歌から記録歌に変わってしまったのである。（同）王朝の風雅に生きる人々にとって、歌は色恋に欠かすことの出来ないものであった。歌が男女の間を取り持ったのである。これは貫之が「男女のなかをもやはらげ」と述べた通りである。近代とはこの「色とにほひ」を取り除き、物事を合理化していく時代であり、明治の近代化に「丈夫ぶり」が一種の信仰になったのには、このような思想的な背景もあったであろう。だが、歌から「色とにほひ」を取り除いてしまったら、一体何が残るというのか。

平安末期の大歌人藤原俊成が式子内親王のために書いたとされる歌の手ほどき書『古来風体抄』に、「歌はただ何となく艶にもあはれにもきこゆる事のあるなるべし」と俊成が記した理由はこの「色とにほひ」の伝統によるものであろう。この「艶」なるものは、在原業平、小野小町にその始まりを見ることができる。平安末期の西行の歌も花を恋ふるものとしてはやはり「艶」であるが、花を歌の対象にすることで「あはれ」でもある。後鳥羽院はこの西行、俊成の後に登場した最後の大歌人であった。つまり、王朝の風雅の根底を流れる平安の和歌の思想は、業平、小町から始まり、貫之が揺るぎないものとし、俊成と西行によって完成するのだが、その完成は後鳥羽院無くしては成し得なかった（保田「藤原俊成」『語録』）。

保田はこの歌の系譜と、そこから生まれた「美」を重んじるのである。保田は、この「何となく艶にもあはれにもきこゆる」和歌の芸術性について「かういふ文字で描かれた美しさの相をみると、普通の造型芸術といふものの低さが明白にわかるのである。音楽の美しさよりもつと淡いもので、形なく、意もなく、しかも濃かな美がそこに描かれている」（同）と評している。日本の美の繊細さは王朝の風雅を貫く歌の系譜、歌の道から発しているのである。

俊成は歌の道をゆく者はまず古今集を手本にせよと説いた。そして、源氏物語を読まぬ歌詠みは遺憾だとも述べた。実際、日本の美、日本人の美意識は総じて古今集から発し、源氏物語で揺るぎないものとなり、現代にまで至る。この美の道は、近世においては古今集と源氏物語の意義を見抜いた本居宣長へと、そして現代においては王朝の風雅を慕った保田與重郎へと受け継がれた。この系譜、つまり古今集から始まる風雅の道を知らぬ者は日本の美を知らぬに等しく、ひいては日本人の生き様、死に様というものを理解することもできないのである。

古来、日本の武人や志士たちが死に際に求めたものは、富でも名誉でも思想でもなく、美であったからだ。彼らが死に臨んで詠む歌は丈夫ぶりではなく、儚く悲しく美しい歌である。これが日本人の美意識というものである。

皇室と繋がる美意識

王朝の風雅に由来する日本人の美意識が何故大事かと言えば、それはその美意識によって我ら民草は皇室と繋がっていられるからである。皇室は日本の中心であるが、とりわけ、文明の中心である。文化、文芸の光は皇室から発せられたものである。そうして歌を一首詠む度に、民草の心はその光の中心をお慕い申し上げるのである。この「文学の道」について、保田は次のように述べている。

我らはものがたりの美しさやみやびを、そのもののいのちの本相に於て、この世に生々発展するままに語りたい。これは言論思想の方法ではなく、文学のみちである。この文学の道は、迂遠の如くにして、つねに國の根本である意味は、今日こそ不動心として悟らねばならぬことである。けだし美といひ、みやびといふ國ぶりの文章の本願は、それとあらはに誌さぬ文章の一句一行に皇神のみちがあふれ、天皇の大御いのちがあふれ出てゐるやうな文章を描くことである。(「日本女性語録」)

これこそが我が国の文人が歩むべき道であり、民草が慕う王朝の風雅の真髄である。これまで数多の文士や志士が歩んできた道は、このような美意識の上に千年以上もかけて出来上がった道であった。これこそが保田が示さんとした道である。

尊皇愛国の経営　第八回

台湾を全面支援します。その②

㈱フローラ 会長　川瀬善業（かわせよしなり）

昭和四十年代と、昭和六十年の話

昭和四十年代の学生時代に、川瀬善業は、多くの台湾の人達と交流がありました。その当時の話と、「ニオイノンノ」という100％純植物性の消臭液の台湾での総代理店を作るために、昭和六十年に台湾に行った時の話を書きます。

昭和六十年に一ヶ月間、台湾に滞在

昭和六十年の三月には、100％純植物性消臭液のニオイノンノの総代理店を台湾で作ろうと、一ヶ月間、台北に滞在しました。

㈱フローラの社員の台湾人の友人が、当時、台北に住んでいたので、そこを連絡所として、「工商時報」や「中国時報」など台湾の新聞六紙に、「100％純植物性消臭液のニオイノンノの総代理店を求む」と、台湾で使われている漢字で新聞広告を出しました。すると、台湾の二百以上の会社や個人から問い合わせがあったので、当時、台湾で一番大きかったホテルの台北の円山大飯店の大会議場で、ニオイノンノの説明会を昭和六十年の三月一日に行いました。会場はものすごい熱気で、その日は夜遅くまで、総代理店希望の人とお話しし、翌三月二日からは毎日、朝八時から夜八時まで、総代理店希望の人達と順番に面接し続けました。日本に戻ったのは、三月三十日の夜でした。おかげで、台湾の人達の親日的な思いを、じゅうぶんに実感することができました。

「台湾は台湾人の国」―台湾独立運動家との交流

台湾での二・二八事件以降、台湾では多くの人達が蒋介石政権の弾圧から逃れる為に日本に亡命していました。

私が早稲田大学の学生（昭和四十四年から昭和五十年まで）だった二十代の時に、東京の池袋駅の西口から歩いて二分の所に、台湾料理店を開いていた台湾出身の施明（シメイ）さんという人がいました。空手の早大極真会の後輩達を連れて、よく施明さんの店へ行きました。空手の早大極真会の顧問だった早大文学部教授で、シナ古典文学が専門の村山吉廣教授を連れて行った時は、施明さんがあまりにも博学なので、村山教授はとても驚いていました。

ある時、私の京都の友人を施明さんの店に連れて行った時、京都の友人が施明さんに「近々、旅行で台湾に行きますよ」と言うと、施明さんは「倒蒋建台」と書かれたステッカーを取り出して、「これを台湾中に貼りまくってきてくれ！」と私の京都の友人に頼みました。「倒蒋建台」とは蒋介石政権を打倒し、台湾人による政権を建国するという意味です。施明さんは台湾料理店をしながら、台湾独立運動をしていた闘士でした。もちろん当時の台湾は厳戒令下で、もし私の京都の友人がそれを真に受けて決行していたら、大変なことになっていたでしょう。

また、台湾から亡命して東京に住んでいた徐美（ジョビ）さんと言う女性とも交流がありました。彼女からはよく台湾の歌を教えてもらいました。その一つが「雨夜花（ウーヤホイ）」です。昭和九年に発表された台湾の民謡ですが、日本では西城八十の作詞により「雨の夜の花」として改編され歌われました。戦後でもテレサ・テンによって歌われています。

雨夜花　雨夜花（雨の夜の花　雨の夜の花）
受風雨　吹落地（風雨に吹かれて地に落ちる）
無人看見　暝日怨嗟（振り返ってくれる人もなく日夜怨めしい）
花謝落土　不再回（花は枯れて地に落ち再び返らない）

歌詞は駆け落ちした恋人に振られた後、花柳界に堕ちたある女性の運命を雨の夜の花に喩えたものですが、台湾人による歌として彼らのアイデンティティとなり、蒋介石政権に抗議する人々の間で歌われてきました。

知識層では、言語学者の王育徳氏や周英明氏、金美齢氏夫妻といった人々が日本を拠点として、台湾の独立に向けた活動を展開していました。

彼らが目指したのは中華人民共和国でも中華民国でもなく、台湾独自の「台湾共和国」でした。日本だけでなく米国、カナダ、欧州諸国でも台湾独立の活動が行なわれ、昭和四十五年一月一日には台湾独立の国際的組織の「台湾独立建国連盟」が結成されました。

現在の台湾は民主化され、李登輝元総統以後、台湾正名運動が盛んになっていますが、その活動は、二国論（大陸は中華人民共和国、台湾は中華民国で統治する）に基づくものではありません。台湾は中華人民共和国、中華民国ではなく、「台湾人の国家」なのです。

私としては、台湾の人達の運動を全面支援し、「以徳報怨」（徳を以って怨みに報ず）として、日本を敵視しなかった蒋介石を評価し、台湾は台湾の人達に任せ、中華民国は大陸に戻って、中華人民共和国と雌雄を決すべきではないか？と思っています。

王育徳氏

高風無窮（五）

人の腹立つまじきやうに

一般社団法人日本経綸機構代表理事　森田忠明

モノに拘泥しすぎ異常に心が囚はれるや、とんでもない事態を出来せしめかねない。その恰好の例として、『随聞記』の記事を知つたのは二十歳そこそこのことであつた。へんに記憶の底に沈殿し、その後の生活に微妙な影響を与へてきた。

唐時代に成つた『続高僧伝』にある話を紹介しつつ、道元はその非を説く。ある禅師の門下僧、「金像の仏と又仏舎利（釈尊の遺骨）とを崇用て、衆寮（看読寮）等にも有て、常に焼香礼拝し、恭敬供養す」。

日夜、下にも置かずうやうやしく供養してゐたといふのだが、師が「やがて、お前のためによくないこととならう」と注意したが承知しない。「天魔が取りつくぞ、早くそれを捨てよ」と重ねて自重を喚起。該僧、聞き入れず憤然と立ち去らんとするのへ、「汝、箱を開て是を見べし」。僧、怒りながら箱をあける。果して、「毒蛇蟠て臥り」。

この僧、悟りの捷径と錯覚し、方途を履き違へたとしかいひやうがない。道元いふやう、「仏像舎利は如来の遺骨なれば、恭敬すべしといへども、又一へに是を仰ぎて得悟すべしと思はゞ、還て邪見也。天魔毒蛇の所領と成る因縁也」と。あたかも憲法改正の語を声高に唱へてをれば改正の緒に就き、核武装を唱道しさへすれば国防まつたきを得、核廃絶の呼号が平和を招来するとでも思ひ込むやうなもので、現実を疎外する幾多障壁の立ちはだかりは如何ともしがたい。

そこで道元は提唱する。「仏子と云は、仏教に順じて直に仏位に到らん為には、只、教に随て、工夫弁道（仏道を一心に修業）すべき也。其の教に順ずる、実に行と云は、即、今の（この）叢林（禅寺）の宗とする只管打坐也。是を思ふべし」。

一行を専ら励む

兵庫県の実家において先年、いささか奇妙な出来事があつた。

みなが前栽と呼び慣はす裏庭の幾ぶん広い植込み近くに祠があり、家族は「龍王さん」と称してゐた。むろん守り神、龍王を祀る。正面は木の格子窓、土台は曲線をなす苔生す石。なかは永く小石三つ四つが置かれてゐた。そこへ姉が修学旅行で買つてきたお稲荷さん（狐）の小さな置物が置かれるやうになつた。

あるとき、拝み屋頼みの長兄がその指示により取り潰すこととなり、無事の撤去を祈つて三七二十一日間夫婦で祝詞をあげた。満願の日、声を揃へて拝んでゐると、格子窓から次から次と蛇が姿を現はし、裏の畑へ消えて行く。そんな時期でもなし、二人は吃驚仰天どころか恐れ戦いたが、そこは慌てず、何とか祝詞をあげ終へた。

これ、いつたい何だつたのか。狐につままれたやうなあんばいだが、も一つ、関連する話がある。

祀られてゐた小石は捨てるわけにもゆかぬ。実家と隣接する大阪府能勢の妙見山がお祓ひのうへ処分しませうと助け船を出してくれたので一任することにした。小石を詰めた木箱を夫婦して軽トラで運んだ。積むさいは何でもなかつたのが、妙見さんの長い石段を登るに二人で持つても重たくてしやうがない。蓋を開けようとしたが、もしや大蛇でもと思ひ諦めた。休み休み、汗をかきかき登り切る。出てきた若い衆が一人で軽軽と持ち去つたには驚くまいことか。

『随聞記』といひ兄夫婦の実話といひ、迷信だと笑ひ飛ばすのは簡単。人智の推し量れぬ事象がこの世に充満してゐる。なればこそ慎重に慎重を期する姿勢を一層こよなく愛したい。

かういつたことを書くと、理智の高みから物いふ人らがゐるのはわかつてゐる。可哀相な面面だとは思ふけれど、少なくとも筆者はさやうな立場は取らない。取潰しの憂き目に遭つた神さんが心尋常ではゐられないのだと受け取つてしまふのである。

『随聞記』に戻らう。

示曰、広学博覧は、かなふべからざる事也（とてもできはしない）。一向に思ひ切て留るべし（すつぱりとやめよ）。只、一事に付て用心故実（心得や模範の先例）をも習ひ、先達の行履（行なひしあと）をも尋て、一行（一つの行）を専らはげみて、人師先達の気色（先生ぶつたり先輩顔を）すまじき也。

いかなる物事をも巧まずして理解し得、またたく間に通徹しうるご仁は稀だが、まあ措く。生半可な努力程度では二進も三進もゆかぬ凡愚は、やはり一事追究の手段を講ずるに限る。それでも往往、核心に迫り得ぬ憾みが残るものの、何とか難場を凌がうとすればこれが性に合はうといふもの。広学博覧の人、貴いが自己の水準を知る以上、進んでは望むまい。

　つたなきも歩みきたれる道のへに可憐なる花にほはざりしや

慈悲をもて許し給へ

道元が入宋したのは鎌倉期、わが貞応二年（一二二三）。寧波の天童山にある景徳禅寺の住職如浄に師事する。このとき、如浄六十三歳、道元二十六。

先師天童浄和尚、住持の時、僧堂にて、衆僧座禅の時、眠を警に履を以て是を打、謗言呵嘖せしかども（罵り叱つたが）、僧、皆、打る事を喜び、讃嘆しき（有難がつたものだ）。／或時又上堂の次でには（法堂で衆僧に）、常に云、「我已に老後の今は、衆を辞し（皆の者との生活をやめて）、庵に住して老を扶て居るべけれども（老いを養つてゐるのがよからうのに）、衆の知識（師匠）として、各々の迷を破り、道を助けんが為に、住持人たり。是に因て、或は呵嘖の言を出し竹篦打擲等の事を行ず。是、頗る恐あり（まことに畏れ多い）。然れども、仏に代つて、化義を揚る式（教化の実を挙げるための方策）なり。諸兄弟、慈悲をもて是を許し給へ」と言ば、衆僧流涕しき。

表面的には暴力行為だが、厳しい仕打ちを取り入れながらの説諭には弟子たちへの愛情溢れるのが伝はつてくる。現代ならたちまち三三五五逃げ出すのではないか。わが子をゆゑあつて打ち据ゑるにしても、手加減を忘れぬごとき慎重さを持つに似る。といつて鷹揚に流れるではなく、その積極性のなかに堂堂たる存在感がうかがへる。極意伝授と弟子らの自戒に対する真剣さに裏打ちされてゐるからだ。

道元、これを敷衍していふ。

是くの如きの心を以てこそ、衆をも接し、化をも宣べけれ（指導教化しうる）。住持長老なればとて、猥りに衆を領じ（規制し）、我物に思うて（自分勝手になるものと考へて）可嘖するは非なり。況や、其人に非して（その位置にないのに）人の短を謂、他の非を謗しるは非なり。能々用心すべき也。他の非を見て、わるしと思て慈悲を以て（教化）せんと思はゞ、（相手が）腹立つまじき様に方便（工夫）して、傍の事を言ふ様にて（ほかの事に托して）、こしらふ（教へ導く）べし。

発語の中身、相貌の気色、これらを人はよく聞いてゐる。よく見てゐる。ふだん、どうせなら角立たぬやう、気色ばむことなきやう心がけたいところだが、なに、音声や仕種には個別のものがある。持つて生れた性質をいまさら是正しようとは思はぬといつてのけるのは容易いが、それでは勉学の値打ち、鍛錬の価値を否定すると同じ。どこかに突破口を見出さうと四苦八苦なり懊悩なりして謙虚に挑戦せんと努力するのが人間だ。如浄和尚や道元が口酸つぱく説いてゐるのは、その成果を見定めたうへでの結論のはずだ。

先達の言説や振舞ひの蓄積あつて現在只今がある。これらに乗つからず参照をもしないで、脇目みるのにうつつを抜かし、みすみす遁す手はあるまい。親の小言、友の忠告またしかり。

思へば、幾多試練の顛末に開眼せぬまま中今の振興を図らんとするは不都合きはまりない。恩恵を無にするにひとしい所業にほかならぬ。忘恩の徒といつて当つてゐぬことはなからう。

大車輪いまこそまはすよすがにと逝きてかへらぬ
みづをみおくれ

愛郷心序説⑪

愛民仁慈の大御心

奈良県御所市議会議長

杉本延博

平成23年に発生、未曽有の大災害となった東日本大震災。その時、天皇皇后両陛下は、瓦礫の残骸の前で、御頭をお下げになられて、お祈りを捧げられたり、避難所において、避難者と会話をして、励まされた。また全国民の向けたお言葉を発せられた。その御姿に、国民の父母たる慈しみ深くも有難い大御心を拝することができた。

天皇陛下は、常に「国安かれ」「民安かれ」と世の平安、国民の幸福をお祈りあそばされている。歴代天皇が一貫して継承されてきた大御心である。

歴代天皇は、歴史のその場、その時に国民に対して「みことのり」を通じ、大御心を宣せられてきた。

「みことのり」は、政治、経済、社会、道徳、文化などすべての領域における日本民族の指針になるものだと考えている。

歴代天皇の「みことのり」から、神を敬い（敬神）国民を愛する（愛民）大御心を拝することができ、また政治の場で、世の平安と民の幸福を想う大御心を実現あそばされたこともあった。

さてフランスのルイ14世の言葉「私は国家である」は有名である。この言葉こそ国民を支配する権力者を表す象徴的なものであろう。西洋の君主もチャイナの王政もみな、権力者であった。こうした思想的な観方（天皇を権力者と定義する）をして運動を展開するのが左翼の人達なのである。だから「天皇制打倒」なる言葉をスローガンとしてきたのだ。

はたして天皇は権力者なのか？　断じて違う。世の平安、民の安寧をお祈りあそばされる御存在なのだ。

「黎元を愛み育ふ。」（崇神天皇）「朕父母たり。」（聖武天皇）「六合に母臨し、兆民を子育す。」（淳仁天皇）「朕、民の父母たり、煩労せしむることを欲せず。」（後奈良天皇）など歴代天皇の「みことのり」から「国民の父母」として国民を平等、公平に愛撫された、心優しくも、慈しみ深い大御心を拝することができる。

歴代天皇及び皇室は、歴史をみてみてもわかるように、様々な諸状況によって、生活苦の惨状に陥った国民にたいして、常に救済、救恤の大御心を注がれてきた。こうした御事績は、歴代天皇の「みことのり」から拝することができるのだ。歴代天皇は、すべての国民を等しく赤子として視られてきた（一視同仁）。特に苦しむ国民に救済と救恤の手を差し向けられてきた。

歴代天皇のまつりごと、「みことのり」のお言葉を拝すれば権力者的存在でないことは一目瞭然なのだ。だからこそ神武天皇建国から今に至るまで２６００年以上も皇統が続いてきたのである。

戦前、戦後を通じて左翼の運動が伸張しなかった。いくら弱者救済だの、国民救済だの、善き運動を展開しようと、我が国において「天皇制打倒」を叫ぶかぎり国民の支持を獲得することは無理なのだ。

天皇と国民の強い絆は歴史が蓄積してきたものだ。それは歴代天皇の世と民を想う有難き仁慈の大御心とその御実践の現れなのだ。日本民族の中核的御存在である天皇を奉戴して「世の平安　民の安寧」を実現する運動（労働、自然保護、弱者救済などあらゆる国民、無産運動）を展開してこそ国民の支持を得られるのだと思う。

縷々述べてきたが、ここから歴代天皇の「みことのり」から国民を愛し慈しみなされてきたお言葉をみていきたい。まず最初は、飢饉や疫病の流行によって国民の生活が苦しいときに、課役を緩くしたり、課税を免ぜられたこと、また、医療を施したり、穀物や食料をお与えくださった「みことのり」から。

国民生活の苦しい時に課税を免ぜられた御事績から最初に思い浮かぶのは、本連載の８回目に記した、仁徳天皇の「民のかまど」のまつりごとであろう。

「大恩を降して、貧乏のものを憐れみ、以て其の飢寒に給す。」（天武天皇）

「夫れ百姓、或は痼病に染沈し、年を經て（略）重病を得て、晝夜辛苦す。朕は父母爲り、何ぞ憐愍せざらむや。」（聖武天皇）

「今課役を減じ、用て産業を妨げん。其左右両京及び畿内五國竝に今歳の調を免じ、自餘の七道諸國も亦當年の役を停めよ。」（元正天皇）

ほかにも歴代天皇は飢饉や疫病の流行りで苦しむ国民生活にたいして、救済の祈りと施策を施されたのであった。愛民仁慈の大御心の発露である。

いにしへのうたびと　第七回
上代のみやび～志貴皇子の御歌

歌人　玉川可奈子

志貴皇子の御歌

志貴皇子（『日本書紀』には施基、または芝基とも書かれてゐます）は天智天皇の第七皇子で、御父譲りの見事な御歌風の御歌を集中に六首残されました。その御歌は格調高く、清らかで、一度聞いたら忘れられない美しくも悲しい不思議な響きがあります。そして千三百年を隔てた今も、私共の心を打つのです。

今回は、その六首のうちから一部を紹介して、志貴皇子の御歌に学んで行きませう。

まづ、次の一首を見て下さい。

采女の　袖吹きかへす　明日香風
都を遠み　いたづらに吹く（一・五十一）

御歌の意は、「采女の袖を吹き動かす明日香風は、飛鳥の都を離れた藤原の地でもむなしく吹き渡つてゐる」となります。題詞に、「藤原宮遷都後」とあるので、持統天皇八年（六九四）十二月六日以降、つまり藤原京遷都後に詠まれたのでせう。

歌中の采女は、旧訓で「たをやめ（手弱女）」とされてゐましたが、原文では「婇女」となつてをり、「うねめの」と四字で訓み下しました。なほ、采女は『日本書紀』大化二年（六四六）正月一日の改新の詔により制度化され「郡の次官以上の娘で『形容端正』なる人」、すなはち今でいふ美人が選ばれました。彼女らは天皇の御食事等に奉仕しました。以前紹介した柿本人麻呂の歌の中にも、吉備津采女の挽歌があり、『万葉集』巻第二で藤原鎌足が得難いと歌つた安見児も采女でした。

御歌は、目の前の風を中心にして、その風の動きを藤原京の采女から、古京の飛鳥まで巧みに描かれ、不思議な、もの悲しい響きがあります。私は、「明日香風」を知りたいと思ひ、令和二年某月に飛鳥を訪ねました。藤原宮跡、香具山、甘樫丘（ここには犬養孝大阪大学名誉教授の筆による歌碑があります）などを自転車でめぐりましたが、一向に風は吹きません。残念に思ひ、飛鳥駅に帰る途中、一陣の風が私の前を吹き渡りました。それは袖を吹き返すやうなものではなく、やはらかく優しい風でした。

また、巻八巻頭、春のよろこびを歌はれた、

石走る　垂水（たるみ）の上の　さわらびの
萌え出づる春に　なりにけるかも（八・一四一八）

（石の上を走る滝のほとりにわらびが生えてくる
　春になつたナァ）

はよく知られてゐませう。「石そそぐ」の訓もありますが、江戸時代の万葉学者である土佐の鹿持雅澄はそれを「よくない」としてゐます。「の」音を三回繰り返し、音節の歯切れがよく、声に出して読むとその調子の良さに驚かされるでせう。

また皇子は、一四一八番歌の結句「なりにけるかも」を最初に使はれた御方とも考へられてゐます。集中には六首「なりにけるかも」を用ゐた歌を見出すことができます。六首中の二首は大伴家持の父である大伴旅人の歌であることも指摘しておきませう。

他の御歌を見てみませう。

むささびは　木末（こぬれ）求むと　あしひきの
山の猟夫（さつお）に　会ひにけるかも（三・二六七）

（むささびは木の枝から枝を求めて飛んでゐたのに、山の猟師に捕まつてしまつたナァ）

葦（あし）べ行く　鴨（かも）の羽がひに　霜（しも）降（ふ）りて
寒き夕べは　大和し思ほゆ（一・六四）

（葦のまはりを行く鴨の羽に霜が降るほど、寒い夕べには大和の国の故郷が思はれる）

これらの御歌は、斎藤茂吉『万葉秀歌』（岩波新書）

にも載せられてをり、名歌といへませう。前者について、『万葉集』中で「むささび」を詠んだ歌は二首あり、そのうちの一つです。後者は、古くから皇子御自身の不遇を嘆かれた歌と解釈されてゐますが、うがち過ぎる解釈のやうな気もします。

志貴皇子の御子の御歌

皇子は政治的に不遇であらせられ、皇位継承等にも無縁でした。当時は、天武天皇系の皇族方が主流だつたからです。

志貴皇子の御子には、『万葉集』中に知られる春日王や湯原王（ゆばらのおおきみ）たちがをられます。特に第二王子の湯原王の御歌風もまた御父譲りの見事な調べで、集中に十九首残されました。例へば、次の御歌などは注意すべきでせう。

吉野なる　夏実（なつみ）の川の　川淀（かわよど）の
鴨ぞ鳴くなる　山陰（やまかげ）にして（三・三七五）

（吉野にある、夏実の川の淀んだところは、鴨の鳴く山の陰であることよ）

秋萩の　散りのまがひに　呼び立てて
鳴くなる鹿の　声の遥（はる）けさ（八・一五五〇）

（萩の散り乱れる中に、妻を呼び立てて鳴く鹿の声が、はるか遠くから聞こえてくることよ）

前者は、吉野において詠まれた御歌で、山と川を題材に選ばれ、カ行音の繰り返しが心地良いでせう。吉野で山と川を歌ふのは柿本人麻呂以来の伝統でした。後者は、秋の景を見事に歌ひあげられた名歌です。舒明天皇の御製「小倉の山に…」を連想させせられます。

皇子の薨去と光仁天皇

志貴皇子は『万葉集』では霊亀元年（七一五）の九月の前に、また『続日本紀』によると元正天皇の御代、霊亀二年（七一六）八月十一日、新暦にして九月一日に薨去されました。折りしも、野には萩の花が咲いてゐたことでせう。その時の挽歌が巻二の末尾に記されてゐます。この挽歌は『笠金村集（かさのかなむら）』に出る（いず）とあり、その作者は笠金村自身と見られてゐます。その反歌のうちの一首を紹介しませう。

高円の　野辺の秋萩　いたづらに
咲きか散るらむ　見る人なしに（二・二三一）
（高円の野の萩は空しく咲き散つてゐるのだらうか。見るべき御方の亡き後も）

雅にして清新な御歌を詠まれた皇子を偲ぶのに、まことにふさわしい挽歌です。御父・天智天皇も多くの人に慕はれましたが、皇子もまたこのやうに慕はれた方でした。なほ、天智天皇については『平泉澄博士神道論抄』錦正社　所収の「天智天皇の御聖徳」または山本直人氏『戦後復興の千年史』展転社をお読み下さい。

そして、志貴皇子の薨去から五十四年の宝亀元年（七七〇）、第六王子の白壁王が御践祚あそばされました。第四十九代・光仁天皇です。これにより、皇統は天武天皇系から天智天皇系へと移ることとなりました。

志貴皇子は、宮の所在地により春日宮御宇天皇の追尊を受けられ、御陵の所在地により田原天皇とも称されています。

天智天皇、志貴皇子の御父子は共に見事な御歌を後世に残され、至尊調の礎となりました。今、『万葉集』を拝誦する時、私は偉大な歌心にいつも心を動かされるのです。

在宅医療から見えてくるもの
西洋近代文明の陥穽とその超克⑧

家に帰ったらやりたいこと
～メメント・モリ～

医師 福山耕治

ストロベリー・オン・ザ・ショートケーキ

今、あなたの目の前にイチゴの乗ったショートケーキがあるとしよう。あなたはまずイチゴから食べるだろうか？ それとも先に土台のケーキを食べて最後にイチゴを食べるだろうか？ この問いは良く心理テストとして質問され、深層心理や恋愛傾向の分析に利用されている。似たような話に「お弁当で好きなおかずをどのタイミングで食べるか？」というものもある。要は「楽しみをどのタイミングで味わうか？」ということになるのかもしれない。

入院していた要介護状態の患者さんが自宅退院する前には世に言う「退院前カンファレンス」というものが開かれる。「退院前カンファレンス」では、患者さんと家族、入院中の担当医や病棟の担当看護師や担当の理学療法士、そして退院後のかかりつけ医やケアマネージャーや訪問看護師などが一堂に会して退院後の療養について話し合う。

筆者はその「退院前カンファレンス」に「退院後のかかりつけ医」として参加するのだが、その際に必ず患者さんに尋ねる質問がある。それは、「家に帰ったら何がやりたいですか？何が楽しみですか？」という質問だ。「野菜を植えたい。」「孫と会いたい。」「家族と旅行に行きたい。」「手芸がしたい。」「家族で食事がしたい。」「庭に植えている木を見て暮らしたい。」「家で暮らすだけで最高。」などその答えは様々だ。中には「良く分かりません。」と答える患者さんやコミュニケーションが困難で答えることができない患者さんもいる。

無論、疾患のことや療養生活での注意事項やリハビリの目標や介護サービスの内容などありとあらゆることが大切である。しかし、「家に帰ったらやりたいこと」はそれらのどれよりも大切であると言えるだろう。なぜならば、「家に帰ったらやりたいこと」は家に帰る目的と同義であるからだ。その一方で、その他はそれを叶えるための言わば手段に過ぎない。筆者から見れば「家に帰ったらやりたいこと」はショートケーキの上に乗ったイチゴのようなものだ。

ここまでくると賢明なる読者の皆さんには筆者の言いたいことがお分かりだろう。それは、在宅療養においては、その人のイチゴとは何なのか？ということを意識し、最初にイチゴを食べていただくようにしなければならないということだ。

在宅医療の対象の患者さんは癌の終末期や老衰の終末期の患者さんなど老病死が差し迫った患者さんがほとんどである。人間の寿命は思った以上に短く、そして、予測が難しい。老病死が差し迫った患者さんでは尚更である。「退院前カンファレンス」を終えて自宅退院予定の患者さんが退院前に急に亡くなってしまうこともある。筆者としては、本当はフライングしてでも良いのでイチゴを食べていただきたいと思っている。つまり、終末期には最初にイチゴを食べることが必要であり後回しにしては食べられなくなることがある、ということだ。

ゼロで死ね

もう一つ似たような話にイソップ寓話の「アリとキリギリス」がある。夏の間に一生懸命働いて食料を備蓄していたアリと、ヴァイオリンを弾いたり歌を歌っていたりしていたキリギリスが冬を迎えて…という誰でも知っている話だ。この話には冬に備えて夏に働いていたアリを称賛する意図があることは明白だ。もしかするとイチゴを最後に食べる性分の人はこの話に影響を受けているのかも知れない。

ビル・パーキンスというアメリカのコンサルティング会社ＣＥＯが記した『DIE WITH ZERO―人生が豊かになりすぎる究極のルール』という本ではこの「アリとキリギリス」のアリに対し「アリはいつ遊ぶことができるのだろう？」という疑問が呈されている。もちろん生きて行くために働くことは必要であるがそれだけで終わってしまって良いのか？楽しい時を過ごさなくても良いのか？というわけだ。

同書では、お金や仕事やモノ（物質）のために人生を犠牲にすることに警鐘を鳴らし、経験や思い出により高い価値を見出して幸せな人生を送るように勧めている。そのためには生きているうちにお金を使い切ること、死ぬときにちょうどゼロになるように「ゼロで死ぬ」ことを目指すように説いている。

白眉であるのは「人は生涯を通じて何度も小さな死を経験する。」という部分だ。同書の著者が幼かったころの娘と「くまのプーさん」の映画を繰り返し観て楽しんでいたが娘が10歳になると一緒に観ようと誘っても断られてしまったというエピソードが紹介されている。

「物事は永遠に続かず、いつかは色褪せ、消え去っていく。」とし「私たちは皆、人生のある段階から次の段階へと前進し続ける。ある段階が終わることで小さな死を迎え、次の段階に移る。」としている。そして、人生の各段階の有限さを意識するためのツールとして「タイムバケット」という方法を紹介している（詳細は同書をご参照いただきたい）。

在宅医療に従事するようになり筆者はまさに患者さんの人生の終末期を担当し日常的に「死」や「終わり」に接するようになった。

人は死や終わりを意識すると残された時間を有意義に過ごそうと最大限努力するようになる。ある意味からすると「死」や「終わり」を意識することは苦痛であり幸せに暮らすことができない。しかし、それに気が付かなかったり目を背けていたりしては悪い意味で安穏としてしまい限られた時間を有意義に過ごすことができない。

「memento mori」というラテン語がある。これは「自分が（いつか）必ず死ぬことを忘れるな」「死を忘れることなかれ」という意味であり古今東西あらゆる芸術作品のモチーフとなっている。在宅医療の現場に身を置く筆者は、図らずも「死」や「終わり」を忘れることがない。

最後の晩餐

アメリカの一部の州では死刑囚に死刑執行の前日

あるいは2日前に希望する食事を与えるシステムがあるという。「最後の晩餐」と呼ばれるものだ。日本では死刑囚の自殺を防ぐため死刑執行の告知は当日の朝となっており「最後の晩餐」のシステムは存在しない。あなたなら「最後の晩餐」には何を希望するだろうか?

ここでなぜ「最後の晩餐」の話をするのかというと、自殺や海外の一部の死刑囚という例外を除けば「最後の晩餐」などという概念は成立しえないということを言いたいからだ。なぜならば、「明日死ぬかどうか?」は本質的に分かりようがないし、明日死にそうな状況では食事を摂ることはできない。

何かの事件や事故に巻き込まれて(外因的に)死んでしまうこともあれば、何かの病気や老衰で(内因的に)死んでしまうこともある。外因的なものにしても内因的なものにしても急に亡くなる場合は予測不能であり「最後の晩餐」は食べられない。そして、内因的に徐々に衰えて亡くなるにしても明日亡くなりそうな状態というのは「動けない、食べられない、コミュニケーションできない(意識がない)」という状態なので「最後の晩餐」は食べられない。

在宅医療で人生の終末期に差し掛かった患者さんを担当し世に言う「最後の晩餐」は実際には食べられないということを痛感している。急死する可能性を念頭に置くと本質的には人生の終末期に限らず全ての食事が「最後の晩餐」となる可能性を秘めている。食べておきたかったものは先に食べておかなければならない。もっと言うと、食べることに限らず「死」や「終わり」を意識してその時々で自分にとって最高の経験や思い出を積み重ねていかなければならない。しかし、高度で複雑で多忙な社会で暮らすうちについつい「死」や「終わり」を失念してしまう。そして、イチゴを食べることができない。

西洋近代文明の陥穽、それは「死」や「終わり」を忘れてしまうことである。豊かさと引き換えに高度で複雑で多忙な社会に生きることとなった今、常に自分にとってのイチゴとは何なのか?を意識的に考えることが必要だ。そして、いつだって先にイチゴを食べるようにしなければならない。人生は永遠でないのだから。

崎門学に学ぶ
『白鹿洞書院掲示』浅見絅斎講義 ②

ひの心を継ぐ会会長　三浦夏南

五倫を肌で感ずる

　前回の闇斎、絅斎両先生の引用でもくどいほどに繰り返されていたように、儒学の示す道とは、端的に五倫であり、親義別序信の実践体認に他ならない。孔子、孟子の説く仁義という徳も、五倫の実践と別のものではなく、実践する主体者の本心を表した言葉である。つまり客観的に見れば、道＝五倫であり、主観的に見れば徳＝仁義である。儒学と言えば、民を安んずる王道政治を説いたものというイメージが強いが、民を思いやる心も親が子を思う心の延長拡大であり、五倫の中の「父子の親」の実践を離れては存在し得ない。論語に於いて「君子は本を務む、本立ちて道生ず、孝悌なるものは其れ仁を為すの本か。」と言われているが、本を務めることが何よりも肝要であり、本が務まれば、末は自然と整うのである。その本こそ孝悌の実践であり、これを離れると孔子の教えは空言と化してしまうのである。

　一般に語られている儒学の内容がとかく偽善的であり、民心収攬の為の覇術の如く感じられてしまうのは、仁の理解が単に博愛の如く抽象的に解せられ、農本的生活から必然的に発生した五倫という人間関係の重要性を理解出来ていないからである。そしてこの五倫の重要性は、農本社会の中に居た人々には感覚的に理解されるもので、これなくして生きることは出来ないという必然的なものなのであるが、現在の様なグローバル資本による過度の文明化の中で、自ら生きるというよりは、社会の歯車として生かされるということが常態化してしまった近代的個人にとっては、感覚として感じたことのない抽象観念となってしまったのである。

　現代の人達にとって道徳とは良いもの、美しい物というイメージ、観念があるのみで、近代化以前の人々のように、これがなければ人ではない、それどころか明日の生活も成り立たないという差し迫ったものとして認識されていないのである。これでは孔子、朱子が言っていることも、ピンと来ないのが当然で、論語を読んでも実体のない幽霊を追いかけているようで、心許ないものになってしまう。人々が論語を読まなくなったのも当たり前かもしれない。逆に江戸の人々が武士から町人百姓に至るまで論語を脇挟んで塾に出かけたのは容易に理解することができる。江戸時代の人々が特別高尚だったわけではなかろう。或いはその逆かもしれない。明日生きて行くためには五倫が必要だという、あまりにも日常的で差し迫った必要性から論語を読んでいたのである。

かつて人の日常だった五倫

　農業は数多ある産業の中の一つのように考えている人が多いが、これは大きな認識の誤りである。戦前の昭和初期、これ以上農村が廃れてしまえば、日本の伝統文化が根底から危機にさらされると憂慮された時代でも、農家の人口の中での割合は実に50パーセント近くあったのである。農業は男女ともに最大の就職先であり、人々にとって当たり前の生きて行く手段であった。さらに遡れば、江戸時代幕末、江戸の文化が爛熟し、町人が栄えたと言われた時代にあっても実に9割近くの人々が農業に従事し、栄えたと言われた町人は数パーセントに過ぎなかった。文字通り日本人にとって農業とは本業であり、生業であり、大多数の人がこれに依るべき生き方の大道だったのである。

　農こそが全てだと言えば、現代の人々はそれはあまりにも偏った考え方だと非難するだろう。確かに農が全てではないが、日本人の生活の大部分であったことは疑えない。逆にこれほどまでに商人が溢れかえっても、日本人が平気で暮らせていることに疑問を持つべきである。かつて9割近くの国民が耕すことで賄われていた食料が現在たった1パーセントの国民によって生産されているという事実の背後にどれほどの罪悪が潜んでいるのかを想像してみて欲しい。

　かつて日本人の当たり前の生き方であった農とは、他人が寄せ集められた法人で行われれる現今のビジネスとは対照的に、血のつながった家族を中心に行い、家族の拡大延長である共同体によって成立したのである。現在の社会システムの如く、他人同士が利益を共有するために集まり、損失を自分たちの見えないところに隠蔽するのではなく、家族親戚の絶対的な関係性の中に、利害損得、感情の軋轢、生活のあらゆるものを引き受けて来たのである。そういった生活の中では必然的に上下の分、男女の別が要請されてくる。これがなければ、人々が連帯することは不可能であり、天は人にこの秩序と精神を先天的に与えているのである。これが五倫であり、仁義礼智信の五常である。

農業を営んでいる人に聞けば良くわかるが、近代的発想を以て農に従事すると、夫婦関係を始めとして、家族関係に亀裂が出来やすい。農は生活の全面に渡るものであり、近代的自我の強い人同士が生活のあらゆる部分を共有すると、そこには葛藤、対立が恐ろしいほどに現れてくるのである。この本来対立するはずの人々を分離し、距離を取らせることで、対立を見えなくしているのが現代社会である。夫は会社、妻はパートであるから、夫婦が何とか暮らせているだけで、人々が自分自身を独立した個人だと考えている限りは本当の共同生活は出来得るものではない。だからこそ古の日本人は、家族を一体と考えて、自らの職分を明らかにし、そこに安んずる道を求めたのである。まさに絅斎先生の主著『靖献遺言』の「靖献」を日常に行っていたのが百姓の生活であった。子としては親に仕え、弟としては兄に仕え、妻としては夫に仕える。これは家族を個人の集合として捉えず、一体のものとして捉え、その中での役割を果たすことを当然としたからである。斯くの如く一体となった家族がさらに本家へと忠誠を尽くしていくことで初めて農的生活が成り立つのである。

このように五倫を行うことがそのまま生きることであった人々にとって、五倫は日常であり、当然のものだったのである。我々が孔孟の道を真に実践体認するには、帰農するより外ないと断言するのはこの為である。近代化以後、とりわけ戦後の日本人には、忠孝一致の抽象観念があるのみで、その実はなかった。それは当然のことであろう。孝悌を行い、本家に忠義を尽くすことを以て日常とした人々には、国民の総本家である皇室の尊ぶべきことも自然と体で理解できたであろうが、孝悌の美名があるばかりで、生活の中で必然的に孝悌を行う必要のない近代的個人にとって、親孝行はイベントとして行うものであり、心の中で観念するものであって、日常生活ではないのである。況や忠義が切実に感ぜられるはずがないではないか。ここのところを深く思わなければ、これより先に絅斎先生が解説される、如何にして五倫を学んで行くかということが全て空論になってしまう。

崎門に於ける方法論の重要性

「凡そ人の身はだたい生まれのままのように身が行けば、何があろうぞなれども、そう行きにくい、そこを仕立て直して、身に生まれ得ている人倫本然のようになりようの道を学という、学びさえすれば良くなると言えども、学びようがそでなければ、父子の道といえども、親を養い損ない、子を育て損ない、君臣の道といえども、忠と思うて不忠あり、義と思うて不義あり、すればどちへどうしても違うことのない、本法の学があるぞ、その学が聖人の発明で言うでも、流儀で言うでもないぞ、本法の人のように、身のなりようの方ゆえ、発明ということもあろうようがない、天下古今一定してこうより外ないと、尺ありて長短の違わぬ如く、不易の学びようがある、こうなければ必ず如才のうてしぞこなうぞ。」（絅斎講義）

身に生まれ得て居る人倫本然のようになるのが学問であるが、単に学びさえすれば良いというものではなく、その学び方が正しくなければ、孝行と思ったことが不孝となり、忠義と思ったことが不忠となってしまう。五倫を学ぶことが朱子学に於ける正道であり、ここを外れるものは異端であるが、その学び方にも不易の学び方があり、学びの筋道を違えると、良い結果にはつながらないと絅斎先生は言う。朱子学は如何にして聖人になるかという究極の命題にこだわった学問である。それまでの儒学は聖人を仰ぎ慕うことはしても、断固として自らが聖人になり得るとの気迫は持たなかった。崎門学の人々が道を観念し、徳を称賛することよりも、倫理を実践躬行し、自ら体認することを重視したのも、朱子のこの態度に淵源がある。次号からは朱子学の方法論に入って行きたい。

竹下登論③「ふるさと」を主眼にした政治家

里見日本文化学研究所講学生　田口　仁

消費税導入の陰に隠れがちなふるさと創生

竹下登が総理大臣の時に力を入れた事で一番に思い浮かべるのは、「消費税導入」であろう。平成が始まった時（一九八九年一月七日）の総理大臣は竹下登であるが、消費税増税がその後の「平成政治史を貫く最大の政治テーマ」（後藤健次『ドキュメント平成政治史1』）と言っても過言では無い。

竹下内閣期は好況のバブル期であり、国民の九割近くが自分を中流だと思っていた時代である。その時代に累進課税ではなく逆進性がある消費税を導入したことは間違いではなかったが、平成不況が長引くにつれて消費税を上げ続けたのは愚策であったと思う。現状としては、れいわ新撰組などが主張しているような、消費税減税や廃止が妥当であると思う。

そして、竹下内閣を語る際、消費税導入に隠れがちな「ふるさと創生」であるが、竹下自身は首相就任直前の昭和六二年一一月五日に『素晴らしい国・日本――私の「ふるさと創生論」』を出している。竹下の政治の師である田中角榮は『日本列島改造論』で裏日本の格差是正と国土の均衡ある発展を目指したが、竹下は「ふるさと」という言葉を前面に出したのである。

竹下登の「ふるさと創生」の動機と現実的結果

「ふるさと創生」を発案した動機について、竹下自身は「総括しますと、すべて「ふるさと」ということが原点になっているわけですよ」（竹下登『政治とは何か』）、「私が『ふるさと創生』を政治のテーマにするようになったのは、政治家を志した終戦直後にさかのぼる。復員の途中、故郷の荒廃した山河を目にしたとき、『ああ、政治家になって、もっとよい国土にしたいなあ』と思ったのがはじまりだ」（前掲『素晴らしい国・日本』）と語っている。

その動機としては素晴らしいものである。ちなみに、竹下は事あるごとに政治家になる動機を前記の様に周りの者へ語っていたらしい（後藤謙次『竹下政権・五七六日』)。

しかし、現実としては、一億円を使途の制約なく各自治体へ配った一過性のものとなってしまった。詳しくは前掲した『平成政治史1』に書かれているが、温泉を掘ったり金塊を購入する自治体も出て、「ばらまき行政」の批判がつきまとった。当時はバブル絶頂期であり、八七年度決算では約三兆七千億円の税の自然増収があったそうである。余談ではあるが、この好況期に国債を償却してれば良かったと、平成初期生まれの筆者としては思うのである。

竹下登が記していた本当の狙い

「政治とは結果責任である」とよく言われるが、「ふるさと創生事業」は「バブル期に自治体へカネをばらまいただけ」という事になってしまうのである。しかし、『素晴らしい国・日本』には、後世の人間が読むと興味深い部分が多々ある。

まず第一は、「書かれた当時の日本は所得格差や貧富の差が少ない」ということである。竹下がどうこう思うというより、一国の総理大臣になろうとしている者に対して、以上の事を書かせる社会を作った当時の実年者が偉かったのである。それを考えると、格差社会を出現させ、米国ベッタリで新自由主義・グローバリゼーションにアクセルを踏んでいった竹中平蔵と小泉純一郎は万死に値する。

第二に、「農業」についても触れられているという事である。角榮の『日本列島改造論』もそうであるが、国を支えるのは根本的に農業である。しかし、角榮・竹下とも、「大規模農業」や「ハイテク農業」というその場しのぎのカンフル剤にしか触れられていないのが残念である。基本的には、今の自民党主流派も「大規模農業」的な考えであろう。

結論として、竹下自身は「地方分散」や「地方主権」を言いたかったのであろうが、現実的には「ばらまき行政」で終わってしまったのである。

ふるさとを復活するために主食農家の所得保障を

では、「ふるさと創生」を実現するためには、どうすれば良いのか。ここから先は、「第一回「日本再建」懸賞論文」で奨励賞を頂いた拙稿「もう一度維新を興すために、いま訴えたいこと」（『維新と興亜』）別冊に掲載）より要約をしたいと思う。

本誌副編集長の小野耕資氏は「少なくとも主食系の生産を行っている農家は国が積極的に所得補償を行う等で、従事者を確保しなければならない。」（『岸田総理に伝えたい　新自由主義の転換はふるさとの復活から』）と述べている。これに敷衍して、まず、食糧も安全保障の一つであると考えるべきだ。安全保障とは軍事や土地・水道だけではない。古代の戦争から兵糧攻めというのはよく行われていた。

日本人が飢饉や高齢化による農家不足で米を食べられなくなったらどうなるか。平成五年（一九九三）に冷夏のため、タイ米を輸入したことは記憶に新しいが、世界的に不作になったら日本にタイ米すら回してくれないだろう。太閤秀吉がよくやった兵糧攻めされた時の飢えた城兵状態になってしまうのである。

そう考えると、米や主食を作ることが必要不可欠なことがよく分かる。軍事の場合は自衛官という公務員、水道であれば水道局員という公務員なのに、なぜ米や主食を作る農家は公務員ではないのかと言いたくなる。「農家を公務員にしろ」とまでは言わなくとも、「一定の農地を耕し主食を作れば、最低限生活できる額まで国や地方団体が補償する」とし、保険や年金をサラリーマンと同じ厚生年金・社会保険とするべきではないだろうか。

こうした対策は、今回のコロナ禍で仕事に困っている人やひきこもり対策にもなる。ひきこもり問題を見ていて思うのだが、現代日本社会は第三次産業（サービス産業）が増え過ぎたのである。「人と接する仕事」や「一日八時間お互いに面を突き合わせてする仕事」は精神的に疲弊してしまうのだ。

鬱の原因は「サービス産業の増加」に原因がある。それならば、第一次産業という農業で一定の給与補償をしながら、人とあまり接さずに淡々と土地を耕す方が精神的には安定するのではないか。今の時代であったら、耕運機もあり、体力的にもそこまで過酷ではないと思われる。

人間は神様では無いのだから霞を食って生きるわけには行かない。本来は耕運機など使わずに伝統農法でやるべきだ。しかし、まずは帰農しやすい環境を作る

（衣食住を提供する）必要性があるのではないか。

また、都市一極集中という問題にしても、都市部の方が便は良いし給与も良いからだと思われる。それを米や主食を作る農家が正社員並みの待遇になることが広まれば、雇用創出の面でも有効なのではないか。

竹下登が遺したものと現在の我々が行うべきこと

竹下の「ふるさと創生」について学ぶべき事を記しておきたい。

以前、竹下により中央の政界に導き出された野中広務が、「竹下さんに「今は二世三世が増えて、地方の痛みを知る人間が少なくなった。だから、お前も出ろ」と言われた。」とテレビ番組で語っていたが、昔は角榮を始めとして竹下や野中など、「ふるさと」を愛する地方出身者が多かったのである。

郵政民営化を始めとする新自由主義・グローバリズムに毒されて、地方の衰退は著しい。自家薬籠中になるが、前掲した小野先輩の『岸田総理に伝えたい　新自由主義の転換はふるさとの復活から』は、角榮や竹下などの政治家が現実主義的になってしまうところを、思想的に分かり易く書いて下さっているので読者諸兄には御一読頂きたい。

昭和維新ミュージアム

青年日本の歌史料館の設立
国民の覚醒と祖国愛の活性化のために

一般財団法人 昭和維新顕彰財団会長　岡本幸治

「昭和維新顕彰財団」は、予てより計画していた昭和維新ミュージアム「青年日本の歌史料館」を岐阜護国神社に設立する運びとなった。

顧みれば祖国日本は、昭和十六年末から米英等を相手に大東亜戦争を戦い抜いたが、二十年八月に武運拙くその軍門に下り、以後数年その占領下におかれて「勝者の歴史観」を学習することになった。それによれば、世界恐慌や貧富の格差の拡大といった社会の閉塞感を打破するために「祖国の新生・真正」を熱願した志ある青年が身を投げ打って行動した「昭和維新」に対して「政党政治を終わらせた元凶」といった皮相的な批判が投げられたままである。本史料館は、そのような偏向した歴史観を糺し、日本国民の覚醒と祖国愛の活性化を歴史的事実の展示をもって垂示するものである。

岐阜県は昭和維新運動と因縁の深い地であり、本史料館が由緒のある地に設立されることは洵に意義深いことである。

ここに、謹んで広く有志の理解あるご支援を懇願する次第である。

岐阜が昭和維新研究の中心に！

岐阜護国神社宮司　宇都宮幸嗣

三万七千八百柱の英霊が眠れる岐阜護国神社に、神武建国の理念を目指す昭和維新運動の史料館が設立されることは大きな慶びであります。

本宮が、そして岐阜が昭和維新研究の中心となることを期待します。多くの皆様の賛同を心より切願申し上げます。

時代を超える人びとの心をつなぐ場！

帝京大学教授　小山俊樹

昭和維新関係者の貴重な史料を展示する「青年日本の歌史料館」の設立を、心よりお慶び申し上げます。史料は研究の基礎であり、時代を超えて人びとの関心をつなぎます。研究の立ち遅れてきた戦後日本民族運動の史料的拠点が設立される意義をご理解いただき、ご賛同賜りますようお願い申し上げます。

設立概要

所在地　岐阜護国神社境内
開設日　令和5年5月15日
目　的　昭和維新関連の史料・文献の収集と展示を行い、史学の研究に寄与する。
事　業　①昭和維新関連の書画・写真・文献などの展示と収集。
②昭和維新関連の映像記録・音声記録の公開。
③その他、昭和維新関連の企画展・特別展示・講演会などイベントの開催。

募金要領

総工費　¥4,612,000
（令和4年9月26日現在の募金額 ¥2,640,000）
1口　¥10,000
振込先
ゆうちょ銀行 店番：248（普）3442188
名義：大夢舘（タイムカン）
※募金を賜った法人・個人のご芳名を当史料舘の銘板に永久掲示させて頂きます。また、当史料舘の永久入館証を献呈致します。

一般財団法人 昭和維新顕彰財団
〒500-8864
岐阜市真砂町1丁目20番地1　大夢舘内
電話 058-252-0110 電信 058-252-0119
電郵 taimkan1968@yahoo.co.jp

【書評】

『指名手配議員』

慰安婦像と竹島の碑を巡って韓国から入国禁止措置を受け、その後同国から起訴され指名手配までされた地方議員、それが本書の著者である前葛飾区議の鈴木信行氏だ。その政治的スタンスに対する論評はさておき、中学、高校と不良少年であった鈴木氏が「反共右翼からの脱却」を掲げる黎明期の民族派運動に参画し、経験を積み重ねていく過程が本書で描かれており、そこが圧倒的に面白い。本書は鈴木氏の半生を描いた自伝的作品となっているのだ。

十代の頃は愛国党の赤尾敏の演説を聞きに数寄屋橋交差点を訪れていた。インターネットもスマートフォンもない当時、赤尾敏の数寄屋橋演説会場は愛国青年が集う場となっており、そこでネットワークが生まれていったのだ。その後野村秋介に魅了され、その縁で一水会に通うようになる。一水会創設者であった鈴木邦男氏のファンであった奥様との出会い、木村三浩氏、針谷大輔氏と出会う。針谷氏とは同い年だ。やがて針谷氏が統一戦線義勇軍の議長となると、鈴木氏は情宣局長となる。野村秋介の自決に刺激を受け、自らの右翼団体を旗揚げする。そして靖国神社清掃奉仕有志の会の代表にも就任していく。

転機となったのは平成七年の維新政党・新風の結党だ。先輩から乞われて軽い気持ちで入党する。同八年の維新政党・新風東京都本部結成に際しては、山崎幸一郎初代東京都本部代表、阿部勉東京都本部副代表に親近する。そして阿部勉の後輩であった松村久義第二代東京都本部代表とも親しくなる。その松村から引き

鈴木信行 著
集広社刊
1,980円（税込）

継ぎ第三代東京都本部代表となる。平成十九年の参議院選挙では当時は珍しかったインターネットを活用した選挙を行い、ブロガーなどを集め新風を応援する団体「新風連」を結成する。実は私もこの新風連に参加したブロガーであった（私は後に離脱）。

このネットを活用した選挙は票数の積み上げにはさほど結びつかなかったようだが、動画サイトとブログを使った発信は盛り上がり、手ごたえを感じる選挙となった。この選挙で得たネット人脈を基に「行動する保守」運動を展開。一方で外国人追放運動など過激化する運動は党本部とも距離が生まれる。鈴木氏は東京都本部の面々を引き連れ日本国民党を結党。この間妻を病で亡くしており精神的にはどん底にあったと思われるが、不屈の闘志で国民運動に邁進する。初代東京都本部代表である山崎幸一郎が維新政党・新風結党の際に党名として提案した日本国民党を引き継ぐ形での結党となった。そして葛飾区議選に出馬し、当選する。鈴木氏と言えばヘイトスピーチをする人というレッテルが貼られているが、東南アジアとの交流に長年努めてきたのも鈴木氏の一面で、本書ではそこも描かれている。

現在の日本は財界や上級国民が望む通りの日本となり、海外から安い労働力を大量に求め、日本人の庶民はそれらとの競争を強いられ賃下げの憂き目に遭っている。この現状を糊塗するためのスローガンが「多文化共生」だと鈴木氏は喝破する。特に小泉政権以降の自民党を主軸とした新自由主義的政策がその状況を加速してきたことは本誌とも共通する見解である。

評者の個人事情を書くのは不適切かもしれないが、私は前述のとおり大学四年生の時に新風連に参画したブロガーであったが、ヘイトスピーチととられかねない運動方針に疑義を呈したのをきっかけにその後の些細な問題で石もて追われるように新風連を離脱した経緯がある。鈴木氏が抜けた後の維新政党・新風に近年党友として入りなおした経緯もある。そんな私とも鈴木氏はお会いした時は気さくに話してくださる。こうした人柄も運動の過程で酸いも甘いも積み重ねてきた結果のことと了解できる一冊であった。

存命中の方のみ最低限の敬称をつけ、故人は敬称略とした。

（評者　小野耕資）

村上繁樹編『幕末勤王志士と神葬』（ミネルヴァ書房、３８５０円）

過日、梅田昌彦先生から本書をご恵送頂いた。梅田先生は幕末尊攘派志士の領袖で安政の大獄で最初に捕縛された梅田雲浜の玄孫であり、平成三十年から雲浜も祀られている京都霊明神社奉賛会の会長を務められている。

霊明神社は、初代神主である村上都愷が文化六（一八〇九）年に霊山に神葬墓地をひらき創建した。幕末には仏葬を嫌う尊攘派志士たちの埋葬の社となり、後の靖国神社につながる招魂社の源流になった。

本書は、第一部で霊明社八世神主の村上繁樹氏が同社の歴史を述べ、第二部では筆者もお世話になっている舟久保藍氏が、同社と所縁の深い船越清蔵、松浦松洞、吉田玄蕃、久坂玄瑞について取り上げ、最後に第三部で皇學館大学教授の松本丘先生が、山崎闇斎学派や吉田神道、国学を含む我が国における神葬祭の歴史について概説されている。

前述した船越清蔵は長州の支藩清末藩の出であり、戊午の密勅降下に際しては梅田雲浜と共に活動した。文久二（一八六二）年の伏見寺田屋事変にも参画し吉田松陰からは師と仰がれたが、同年謎の死を遂げた。吉田玄蕃は曇華院宮家の家士で梅田雲浜の弟子であったが、久坂玄瑞の依頼を受けて霊明社を訪れ船越の墓を建立した。これを皮切りに殉難志士たちが続々と神葬での墓を建立するようになった。

特に文久二年八月には、孝明天皇が国事に斃れた志士たちの御魂を祀る旨御沙汰を下され、同年十一月には同社に於て報国忠士の招魂祭が営まれた。この祭祀は津和野の福羽美静や長州の世良利貞を筆頭に在京の志士たちが多く参列し、「靖国神社の源流であり、本邦初めての全国的な招魂祭の斎行であったとされている」。久坂玄瑞は、禁門の変の直前である元治元（一八六四）年三月に同社を訪ね、久坂家先祖の永代供養を依頼している。

霊明神社では毎年七月に久坂玄瑞命日祭である「秋湖祭」、九月には明治改元に因み「幕末志士殉難志士慰霊祭」を斎行している。最近はコロナで一般の参列は中止されているとお聞きしたが、また再開の暁には是非とも参列し、志士たちの遺烈を偲びたい。

（折本龍則）

松尾匡『コロナショック・ドクトリン』（論創社、1980円）

戦争、災害、感染症などの危機的状態につけこんで、人々がショックを受けている状況の中で、市場原理主義的な改革を断行する。これが、カナダのジャーナリスト、ナオミ・クラインが命名した「ショック・ドクトリン」の手口である。「惨事便乗型資本主義」「火事場泥棒資本主義」などとも呼ばれている。本書は、コロナ禍につけこんで、貧しい人々や中小企業を切り捨てる新自由主義の攻勢を厳しく批判している。ただし、著者は現在日本の支配層にはふたつの路線が存在していると指摘する。

〈ひとつは「菅＝アトキンソン路線」とでも呼ぶべきものである。…もうひとつは…二〇二一年六月に発表された経産省の「新産業政策」の路線である。この両者の引き合いと妥協が、当面の政策的舵取りの推移となると思われる〉（128頁）

著者によれば、経産省の新産業政策は、欧・米・中の「大規模な政府支出を伴う強力な産業政策」と、それを正当化する英米の学術論議を研究し、新自由主義に替わる経済政策を提唱している。その中心は、サプライチェーンを国内回帰させた、国際競争力ある国内製造業のための積極財政だとする。

評者は、新自由主義からの転換という点で、経産省の新産業政策を前向きに評価しているが、著者は「経済政策の世界的時代転換に、最大限財界側の利益にそって適応しようとするものだと思われる」（137頁）と述べ、経産省の新産業政策に重大な注意点が二点あると説く。

一点目が、政治エリートの裁量権拡大の志向が色濃くあることだ。これについて著者は「戦争中の国家総動員体制のようなものである」と警戒している。

二点目が、論拠として経済安全保障論をとっていることだ。著者は、経産省の経済安全保障論に、「独自の地域帝国主義推進の野望を嗅ぎ取ってしまう」（141頁）と書いているが、それはやや買いかぶり過ぎなのではなかろうか。いずれにせよ、岸田政権は新自由主義一色の状況とは異なる様相を呈している。新自由主義からの脱却を主張すると同時に、それに代わる経済政策、産業政策のあるべき姿を議論する時が来ているのかもしれない。

（坪内隆彦）

活動報告

・第三回**維新と興亜懇談会**開催。（八月二十四日）。

・水戸で**『日本再建は水戸学国体論から！』を常磐神社に奉納**。会沢正志斎墓参、回天神社参拝、常磐共有墓地で安積澹泊、藤田幽谷、東湖、小四郎、名越時正墓参。（八月二十七日）

・オンラインで維新と興亜塾　**橘孝三郎『日本愛国革新本義』を読む**第八回（講師：小野耕資）開催。（九月一日）

常磐神社に『日本再建は水戸学国体論から！』を奉納

・上野の森美術館で**柳田泰山「泰書展」**見学。柳田泰山先生には『維新と興亜』題字を揮毫いただいている。（九月三日）

・第二回**明治神宮外苑前再開発を考える街頭演説会**開催。小野副編集長、九十九記者が参加。（九月三日）

・第四回**維新と興亜懇談会**開催。（九月十日なき）

・**藤本隆之**顧問逝去。（九月十六日）後日偲ぶ会を開催予定。

・**一般社団法人日本経綸機構「國風講座」**で小野副編集長が講演。（九月十八日）

・**千田会**（於池袋）で『読んでおきたい日本の「宗教書」』『日本再建は水戸学国体論から！』出版記念講演会『日本復活のため、いま学ぶべき〝国のかたち〟』と題して折本発行人、小野副編集長が講演。（九月二十五日）

・坪内編集長が**『木村武雄の日中国交正常化―王道アジア主義者・石原莞爾の魂』**上梓。（九月二十九日）

・オンラインで維新と興亜塾　**橘孝三郎『日本愛国革新本義』を読む**第九回（講師：小野耕資）開催。（十月七日）

・一般社団法人**日本経綸機構シンポジウム「毅然として、皇統を守れ！」**（於TKP神田ビジネスセンター）開催。『維新と興亜』は協賛団体として参画。（十月十六日）。

※活動はyoutube「維新と興亜」チャンネルでも公開

読者の声

■本誌十四号特集は「どうする日本外交」と題し、日米地位協定や日中国交正常化について議論された。なかでも鳩山友紀夫氏のインタビューは実に刺激的だった。私には納得できないところも多々あったが、相手の主義主張を生きた文章で知れてよかった。また、鈴木傾城氏の「歴史を破壊する神宮外苑再開発」は私自身も取り組んでいる問題であり、抱いていた危機感が前に押し出てきた。（中山功）

■木原功仁哉・祖国再生同盟代表の新連載「世界を牛耳る国際金融資本」の展開が楽しみです。国際金融資本の影響力について言及すると、すぐに「陰謀論だ」と言われますが、彼らが各国の支配層に絶大な影響力を持っているのは事実だと思います。（藤井隆男）

読者の皆様からの投稿をお待ちしています。
二百字程度の原稿をお送りください。
mail@ishintokoua.com

編集後記

★特集「いまこそ自主防衛を」では、七人の論客にご登場いただき、日本の防衛政策についてタブーなき議論を展開していただきました。本誌は、真の独立、真の主権回復を訴えていますが、その前提となる自主防衛の確立を求める声が高まることを期待しています。

★アメリカ政治の分断はますます深刻になっています。ワシントン・ポストなどが行った世論調査では、三二％のアメリカ人が「二〇二〇年の大統領選でバイデン氏が正当に勝利しなかった」と答えています。アメリカはどこへ行くのか。まもなく行われる中間選挙に注目したいと思います。

★『維新と興亜』同人は先人の魂を探しに各地をめぐってきましたが、十一月三日には二度のメッカ巡礼を果たした興亜論者・田中逸平ゆかりの地を訪ねます。また、山岡鉄舟ゆかりの全生庵を訪れ、興亜の先覚・荒尾精らの墓参も計画しています。次号で報告します。

★先月刊行した本誌別冊「五・一五事件九十周年 第五十回大夢祭」もよろしくお願いいたします。（T）

≪執筆者一覧（掲載順）≫

坪内隆彦　（本誌編集長）
折本龍則　（浦安市議会議員・崎門学研究会代表）
小野耕資　（本誌副編集長・大アジア研究会代表）
田母神俊雄　（元航空幕僚長）
西村眞悟　（元衆議院議員）
武田良太　（自民党衆議院議員）
堀　茂　（国家基本問題研究所客員研究員）
毒島刀也　（軍事アナリスト）
桜林美佐　（防衛問題研究家）
稲村公望　（元日本郵便副会長）
原　嘉陽　（伝統文化研究家）
木原功仁哉　（祖国再生同盟代表・弁護士）
山崎行太郎　（哲学者）
倉橋　昇　（歴史学者）
川瀬善業　（株式会社フローラ会長）
森田忠明　（一般社団法人日本経綸機構代表理事）
杉本延博　（奈良県御所市議会議長）
玉川可奈子　（歌人）
福山耕治　（医師）
三浦夏南　（ひの心を継ぐ会会長）
田口　仁　（里見日本文化学研究所講学生）
岡本幸治　（京都大学法学博士）

道義国家日本を再建する言論誌
維新と興亜　第十五号

令和四年十月二十八日　発行

編　集　崎門学研究会
　　　　大アジア研究会

発行人　折本龍則（望楠書房代表）

〒279-0001
千葉県浦安市当代島1―3―29アイエムビル5F
TEL　047―352―1007（望楠書房）
Email　mail@ishintokoua.com
URL　https://ishintokoua.com

印　刷　中央精版印刷株式会社

※　次号第十六号は令和四年十二月発行